中国における中産階級の
ラグジュアリーの消費拡大と
新たな高級品市場の創出

消費者とラグジュアリーブランド企業との
価値共創の視点から

戴 棟鈺・孫根 志華 ［著］

学文社

推薦の言葉

　本書は，中国における中産階級の拡大に伴うラグジュアリーブランドの需要拡大と新たな高級品市場の創出について深く考察し，特に消費者とラグジュアリーブランド企業との間の価値共創に焦点を当てて検証が行われたものである。中国の伝統的な宝飾文化と西洋のラグジュアリーブランドとの融合，ラグジュアリーブランドの中国市場における戦略的拡張，そして Z 世代が牽引する「国潮」ブームなどの実証研究を通じて，中国における新たな高級品市場の誕生を詳細に理解できるものである。

　また，本書は，消費者行動理論，ブランド戦略理論，ブランド資産理論などの先行理論体系を，中国特有の文化的背景と経済発展の現状と組み合わせ，包括的かつ先見的な研究フレームワークを構築している。著者は，経営学，経済学，歴史学などの学際的な視点から，西洋のラグジュアリー消費文化と中国の伝統的な宝飾文化との関係性を考察し，再評価を行うことにより，独創的な分析体系を形成している。

　さらに，本書は，中国の高級消費財市場の形成とその背後にある社会経済的要因についても深く分析している。中産階級の拡大に伴い，ラグジュアリーブランド市場の需要が顕著に増加しており，中国は世界最大のラグジュアリーブランド消費市場としてグローバル市場の発展をリードしている要因を事細かに検討し分析している。

　最後に，本書では，中産階級の消費行動の変化とそれに対するラグジュアリーブランドの需要，さらにはラグジュアリーブランド企業の中国市場におけるマーケティング戦略について詳述している。これにより，中国の高級品市場の動的な変化が明らかにされ，ラグジュアリーブランドが中国市場で競争力を維持するための貴重な洞察が提供されている。

　上記のように，本書は，中国におけるラグジュアリーブランド研究の最先端

に位置づけられ，学術的価値が極めて高い一冊と評価できる。

中国上海社会科学院元副院長

何　建華

はしがき

　ラグジュアリーは，「贅沢な，豪華な」などの意味を持つ高級消費財として知られている。また，ラグジュアリーブランドは，一般的に高級消費財の分野で歴史のある高品質，高価格な製品を提供するブランドを指す。すなわち，品質，デザイン，パフォーマンスなどのすべてにおいて優れており，ブランド自体が持つブランドイメージや高級感，ブランドロイヤリティの高さなどの特徴を有するのは，ラグジュアリーブランドであると，本書において定義する。

　このような特徴を持つラグジュアリーブランドは，消費者が自分自身を表現し，自分のアイデンティティを確立するためのアイテムとして，また社会的な地位や人間関係を象徴する重要な手段として，その役割を演じている。そのため，世界の富裕層を中心に，彼らが自身の価値観と一致するものを求めて，ラグジュアリーへの需要を拡大し続けている。一方，このような富裕層の消費嗜好に対して，ラグジュアリーブランド企業は消費者のニーズと価値観を把握するための良い機会と捉え，それに対応した製品とサービスの提供拡大を通じて，市場の可能性を模索し続けている。

　世界規模の高級品市場の持続的な拡大に対して，消費者と企業の動向に注目した学術研究も盛んに行われている。特に近年では，個人所得が持続的な向上を実現した中国では，消費者の高級消費財への需要拡大に伴った消費者嗜好の高度化と多様化，またラグジュアリーブランド企業による対中国市場へのマーケティング戦略の強化や市場戦略の再構築などに関する研究が多く行われているが，消費者とラグジュアリーブランド企業との相互作用から生まれた価値共創というメカニズムの解明に焦点を当てた研究が十分であるとは言い難い。

　本書は，より客観的に中国の高級品市場の発展を理解するために，伝統的宝飾文化の影響を受けてきた中産階級による西洋発のラグジュアリーの消費拡大や，Z世代を中心とする「国潮」ブームの登場および，ラグジュアリーブランド企業による中国市場への進出加速などから生まれた消費者と企業との価値共

創を，歴史学，経済学，経営学といった複眼的なアプローチを通じて，以下を解明したい。

(1)　中国の伝統宝飾と西洋発のラグジュアリーとの融合の解明

中国は伝統的に宝飾文化がある。この文化は数千年にわたる歴史のなかで，宝飾は社会的な身分や地位の象徴としてその役割を果たしてきた。近年では，消費者が西洋発のラグジュアリーに対する需要増は，消費者の可処分所得の増加に伴った消費嗜好の高度化と多様化が背景にある。一方，中国の伝統的宝飾文化がラグジュアリー市場の拡大や商品開発にどのような影響を与えているかに関して，まだ十分な研究がなされているとはいえない。特に，中国の宝飾文化は，その伝統に基づき独自の発展を遂げてきた歴史のなかで，その素材やデザイン，象徴的な意味などは，消費者にとって重要な要素である。これらの要素の一部がラグジュアリーに取り入れられることで，消費者にとってラグジュアリーの魅力が一層高まっていく可能性がある。なかでも，中産階級の消費者は経済成長に伴って急速に拡大しており，ラグジュアリーへの関心も次第に高まっている。彼らはラグジュアリーを所有することで社会的地位や成功をアピールすることを望んでいる。同時に，伝統的な宝飾文化は彼らの消費行動に強い影響を与えており，ラグジュアリーを選ぶ際に，伝統的な要素や文化的な意味を重視する傾向が強く現れている。このような中国の伝統的宝飾と西洋発のラグジュアリーとの相互作用によるシナジー効果に関して，まだ明確に解明されていない点が多い。そのため，歴史学の視点を持つ本書は，この両者の関係性を探求しつつ，その影響や相互作用を明らかにすることで，両者による価値共創のメカニズムを明らかにする。

(2)　中国におけるラグジュアリーの需給関係構築の解明

中国の高級品市場の発展は，中産階級の拡大による消費嗜好の高度化から生まれた高級消費財に対する需要増大と，これらの需要に対する供給側のラグジュアリーブランド企業による対中進出の拡大と，それに伴った様々な市場戦略

によるところが大きい。なかでも，中産階級の拡大に伴った所得向上は，消費者の高級消費財への消費動向の変化を，必需品と奢侈品の視点からその実態を正確に把握する必要がある。また，需要増加の背後には，中国市場への進出拡大を狙うラグジュアリーブランド企業による「既存製品市場」での供給拡大と，中国伝統文化要素をラグジュアリーブランドに取り入れた製品の開発という「新規製品市場」での供給拡大という2つのトレンドが並行している。このような需要と供給が同時に拡大していく市場において，経済学の視点から，ラグジュアリーの需給バランスが取れた市場構造を研究することは，重要な視点になることはいうまでもない。

(3)　消費者とラグジュアリーブランド企業との価値共創の可能性の探求

　消費者とラグジュアリーブランド企業と価値共創メカニズムの解明は，本書の最も重要な課題である。この作業をより効果的に展開していくためには，まず，中国の高級品市場において，ラグジュアリーへの需要はどのように変化しているのか，消費者はブランドイメージや品質にどのような要素を重視しているのか，中国の宝飾文化や伝統要素がラグジュアリーへの需要にどのような影響を与えているのか，また，拡大し続ける需要に対してラグジュアリーブランド企業は，どのように製品やサービスを提供し，消費者価値を追求しているのかなどを解明する必要がある。次に，ラグジュアリーブランド企業は，「既存製品市場」の拡大を図ると同時に，中国の伝統的要素を取り入れた「新規製品市場」での開発をどのように展開し，市場に提供していくのかを明らかにすることが不可欠である。さらに，今後競争がますます激化していくと予想される中国市場において，企業はどのような戦略のもと，消費者との関係構築を図っていくのかといったマーケティング戦略の解明も重要になる。

　上記の問題意識の解明に当たって，本書は，消費者意識調査を導入する。調査には，対象者の所得や職業，年齢，性別などの属性情報から，消費者の高級消費財への需要，ラグジュアリーブランドへの関心度，購買行動，ブランド選択の基準などの設問を設ける。そして，意識調査の結果から集めた消費者のニー

ズや消費行動の変化に関する傾向や差異などをもとに，中産階級が増え続ける中国社会において，「既存製品市場」と「新規製品市場」という2つの市場において，消費者がどうやって自身のブランド体験を豊かにしながら，再び製品の開発や改善にフィードバックしていくかを検証する。

　つまり，これらの検証を通じて，以下の3つを明らかにしたい。①消費者の需要とラグジュアリーブランド企業の供給という需給メカニズムを明らかにする。②中産階級の増加に伴う高級品への消費需要の変化と，ラグジュアリーブランド企業の市場ニーズへの対応による，中国の高級品市場における消費者とラグジュアリーブランドとの価値共創のメカニズムを明らかにする。③今後，中国の高級市場における持続可能な価値創出を目指すべき方向性を明らかにする。

　最後に，本書の作成にあたり，筆者が在籍する城西国際大学大学院経営情報学研究科の同僚や院生たちに，多くの助言と協力をいただいた。また，南通大学商学院（管理学院）院長の姜朝暉教授からも，適切なご指摘をいただいた。

　さらに，蘇州百卉企業管理有限公司代表の沈六英女史には，消費者意識調査にご協力いただき，深く感謝する。これらのご協力がなければ，本書の完成はありえなかった。また，本書の出版にあたり，並々ならぬご尽力をいただいた学文社社長の田中千津子氏および同社のスタッフの皆様に，心より御礼申し上げる次第である。

　2024年8月吉日

著　　者

目　　次

推薦の言葉　　i

はしがき　　iii

序　章　中国におけるラグジュアリーの研究をめぐって……………………1

第1節　本書の背景　　1

第2節　本書の目的と仮説　　5

第3節　本書の構成　　10

第1章　理論体系と本書への応用…………………………13

第1節　所得増加と消費需要の変化　　13

第2節　消費者とラグジュアリーブランド　　16

第3節　消費者とラグジュアリーブランド企業との価値共創　　21

第2章　欧州から生まれたラグジュアリーと消費文化の定着……………31

第1節　ラグジュアリーの誕生　　31

第2節　新富裕層を中心にラグジュアリー消費文化の定着　　37

第3節　ラグジュアリーが生み出す新たな価値　　42

第3章　伝統宝飾文化から新たな消費トレンドの創出…………………48

第1節　「玉」から生まれた宝飾文化　　48

第2節　進化し続ける宝飾文化　　55

第3節　宝飾文化の再評価と新たな消費トレンドの創出　　59

| 第4章 | 中産階級の拡大とラグジュアリー消費文化の受容 | 64 |

第1節　中産階級の増加に伴う消費行動の変化　64
第2節　ラグジュアリー消費を牽引する都市部の動向　70
第3節　各世代のラグジュアリー消費の特徴　73

| 第5章 | 「国潮」ブランドとラグジュアリーブランドとの共存共栄 | 78 |

第1節　Z世代主導の「国潮」ブーム　78
第2節　「国潮」ブームから生まれた国産ブランドの事例　81
第3節　「国潮」ブランドとラグジュアリーブランドとの相乗効果　84

| 第6章 | ラグジュアリーブランド企業対中進出の拡大 | 89 |

第1節　ラグジュアリーブランド企業対中進出の背景と現状　89
第2節　既存製品市場における拡大戦略の展開　95
第3節　新規製品市場における中国要素ラグジュアリーの開発　99

| 第7章 | ラグジュアリーブランドに関する消費者意識調査 | 107 |

第1節　調査の概要と目的　107
第2節　調査の回答と分析　108
第3節　調査結果のまとめ　133

| 第8章 | 消費者とラグジュアリーブランド企業との価値共創の検証 | 138 |

第1節　統計手法の導入　138
第2節　価値共創に関する仮説の検証　140
第3節　SEMモデルによる仮説の再検証　147

終 章 **持続可能な高級品市場の発展を目指して**····························151

第1節　本書から得られたもの　　152

第2節　価値の最大化を目指す4Pと4Cの融合　　154

第3節　持続可能な価値創出を目指して　　157

参考文献　163

付録：ラグジュアリーブランドに関する消費者意識調査票（日本語訳）　　172

索　　引　177

序 章	中国におけるラグジュアリーの研究をめぐって

第1節 本書の背景

　中国の高級品市場は，近年顕著な拡大を見せている。ベイン・アンド・カンパニー2023年の報告書によると，2016-2019年中国の高級品市場は26%拡大していたものが，2019-2021年には年平均42%拡大していた[1]。また，同社がアリババグループと行った共同調査（2021）によると，中国は2025年までに世界最大の個人用高級品市場になると予測しており，高級品の消費は，コロナパンデミックにより中国の高級品市場のデジタル化を加速させ，特にミレニアル世代とZ世代の消費者が高級品セクターにおけるこのデジタル加速の背後にある原動力であると指摘した[2]。

　ただし，ここでいうミレニアル世代（中国語は「千禧一代」）とは，一般的に2000年以降に成人や社会人になった人たちを指す。この世代は，Windows95の発売やインターネットの普及が飛躍的に進んだ時代に育った最初の世代でもある。また，Z世代とは，一般的に1990年代半ばから2009年に生まれた人たちを指し，デジタルネイティブ，SNSネイティブと呼ばれる世代でもある[3]。また，両世代はともに80年代以降の中国経済の高度成長の恩恵を受け，経済的にゆとりのある環境の中で育った世代であるという特徴を有する。

　急成長する中国の高級品市場は，中産階級の増加と密接な関係がある。中産階級に関する中国国家発展改革委員会の発表（2019年）では，「中国の典型的な3人家族の年収は10万元から50万元の間で，4億人と1億4000万家族がいる。車，家，レジャー旅行を購入する能力があり，それらの消費が中国経済の持続的かつ着実な成長を強力に支えている」と説明している[4]。また，ワールドバ

ンク (2013年) は,「中産階級は貧困に陥る可能性が低い家庭を指し,1日あた
り10〜50ドル (購買力平価で調整) を稼ぐ世帯がこれに該当する。2030年には
中国では10億人が中産階級に加わる」と予測している[5]。

　つまり,増加し続ける中国の中産階級は,消費嗜好の高度化を実現し,特に
ラグジュアリーに対する需要の増大に現れている。なかでも,近年では,ラグ
ジュアリーを自分のアイデンティティを確立するための手段,また社会的な地
位や人間関係を象徴するものでもあると考える消費者を中心に,彼らは自分の
価値観と一致するものを求めて,ラグジュアリーへの需要を拡大し続けている。
このような中産階級の消費行動に対して,ラグジュアリーブランド企業は消費
者のニーズを満たすための製品の提供拡大を通じて,新たな市場の開拓に力を
注いでいる。

　中国は,古代から宝飾文化の伝統がある。この宝飾文化が持つ深遠な意義と
多面性のもと,宝飾品は単なる装飾品としてだけでなく,文化的な象徴,身分
の表現,社会的なコミュニケーションとしての役割を果たしてきた。加えて,
これらの要素は相互に関連し,互いに影響し合いながら,宝飾品の意義と価値
を形成してきた事実もある。つまり,宝飾品は中国の文化に深く根ざし,その
意義は装飾や富の象徴だけにとどまらず,人々の信仰,願い,愛情といった感
情を表現する手段であり,個々の文化的アイデンティティを象徴するそのもの
でもあった。

　このように脈々と受け継がれた中国の宝飾文化に対して,宝飾業界では,宝
飾品の機能的な需要にとどまらず,その文化的な価値に注目し,宝飾文化の歴
史と伝統に根ざしたデザインとストーリーテリングを用いて,消費者の心を摑
もうとしている。特に,近年では,中国の伝統的な象徴や要素を取り入れたこ
れらの宝飾品は,若い消費者からの好評を博している。その背景には,彼らが
個々の文化的アイデンティティを重視し,伝統的な価値観と現代的なアイディ
アを統合するための手段として,宝飾品を利用していることがある。加えて,
この文化的な興味の高まりは,中国の高級品市場の持続的な成長と進化をもた
らすだけでなく,文化的な価値観と伝統的な要素を取り入れた高級品は,消費

者の関心と喜びを引きつけ，宝飾業界の競争力の強化を通じて，業界の発展にも大きな推進力をもたらすと，ラグジュアリーブランド企業が捉えている。

　現にラグジュアリーブランド企業がこの宝飾文化に注目し，中国の伝統要素を取り入れた多種多様なアイテムを開発し，グローバル市場に発信し続けている。例えば，2022 年中国の干支，寅年を祝うため，ルイ・ヴィトン（LOUIS VUITTON）や，ディオール（DIOR），グッチ（GUCCI），プラダ（PRADA）など 21 ブランドからタイガーモチーフのファッションアイテムが勢ぞろい，オレンジや虎の豹柄を取り入れたものから，虎をデザインに落とし込んだインパクト大のもの，新年を祝う赤を全面に使ったものまで，ブランドが打ち出すユニークなアイテムの数々が紹介された[6]。また，2023 年にルイ・ヴィトンから登場した新作「タンブールオペラオートマタ」は，中国の伝統芸能「変面」にインスパイアされたハイウォッチである。通常の針の代わりに，独創的なからくり機構が時を知らせるデザインとなっており，中国の象徴的なシンボルとルイ・ヴィトンのデザインエレメントが見事に融合して，豪華な装飾が施されている。さらに，時刻表示には中国文化で不吉とされている数字「4」の代わりに，4 枚の花びらの花が表示される工夫が施されている[7]。

　このようなラグジュアリーブランド企業が積極的に中国の伝統要素を取り入れたアイテムの開発と並行する形で，近年，Z 世代といわれる若者の間に，中国の伝統文化の要素と現代のトレンドを融合させた「国潮」ブームの登場が世間の注目を集めている。アパレルやコスメ，飲食品などの商品デザインから，音楽やドラマ・映画などのエンタメ・カルチャーでの表現まで幅広いジャンルにおいて，中国の伝統文化，中国オリジナル，無形文化遺産，老舗文化などが「国潮」のアップデートの中核を担い，文化芸術の知的財産権，アーティスト，ブランドなど多方面と手を結ぶことで，伝統文化にトレンドのデザインを施し，中国オリジナルの新製品を生み出している。そして，老舗文化とアートグッズの展示と発表などを通じて，「国潮」ブームがより広い若者世代の視野に入るよう後押ししている。

　その背景には，持続的な高度成長は国民が自信と誇りに満ち，特に若い消費

者の自国の伝統や文化に対するリスペクトが生まれ，中国オリジナルのアイテムを選ぶ傾向が高まってきたことがある。なかでも，Z世代の消費者はデジタルネイティブとして情報に敏感であり，個別性や独自性に対する要求が高く，品質にもこだわる傾向が注目される。彼らは宝飾品やアパレルを通して自己表現をし，独自のスタイルを確立することを特に重視している。このような新たな消費動向に対して，業界ではZ世代のニーズに応えるための，ブランドのストーリーテリングやデジタルマーケティングなどを活用し，魅力的な製品やエンゲージメントの提供に注力し続けている。また，これらの企業努力を通じて，Z世代の消費者を中心にその関心を取り入れることで，中国の高級品市場の成長と進化を遂げさせていくという新たな可能性が期待されている。

　このように，増加し続ける中産階級のラグジュアリーへの需要に対して，ラグジュアリーブランド企業による消費者のニーズにあった製品の提供が拡大するとともに，中国の伝統的要素を取り入れたアイテムの提供を通じて，中国の高級品市場の開拓と拡大を図り続けている。同時にZ世代を中心に中国の伝統文化要素と現代のトレンドを融合させたアパレルやコスメなどの開発は，新たな消費層の育成を通じて，今後の長期にわたる中国の高級品市場の可能性を探求し続けている。すなわち，中産階級のラグジュアリーへの関心の高まりは，中国の高級品市場の発展の推進力となり，消費者のニーズと嗜好を満たすための新たな機会を作り出している。

　これにより，中国の高級品市場は持続的な成長と革新を遂げることが期待されるだけでなく，高級品市場における中国の伝統的な宝飾と西洋発のラグジュアリーとの融合を図りながら，中国に新たな高級品市場の創出につなげる可能性を示唆している。とりわけ，消費者がラグジュアリーに対する関心と購買力を増しているのは，消費行動の変化とライフスタイルの変化がある。彼らは品質，デザイン，ブランドの背後にあるストーリーや，製品とサービスの多面的な価値を重視し，ラグジュアリーを通して自己表現と社会的ステータスを追求しながら，自身のアイデンティティを確立しようとしている。

　一方，このような消費行動の変化に対して，ラグジュアリーブランド企業側

が敏感に察知し，消費者のニーズにあった製品の提供を通じて，新たな市場機会を探求し続けている。つまり，中国の高級品市場における消費者の拡大し続ける需要に対して，ラグジュアリーブランド企業はこれらの需要に応えるための，消費者のニーズにあった製品の生産・販売および，中国の伝統要素を取り入れたアイテムの開発を通じて，需要と供給の双方から中国の高級品市場の拡大と市場価値を高めていく。この過程において，消費者とラグジュアリーブランド企業との間に「価値共創」の可能性が生まれるのではないかと考えられる。そして，消費者とブランド企業が相互に価値を提供しあい，共有することを通じて，市場の競争力と持続的な成長に可能性が生まれるのではないかと考えられる。

「価値共創」とは，企業は，消費者のニーズやアイディアを積極的に取り入れ，商品やサービスの開発や改善を行い，そして，消費者との関係を強化しながら市場競争力を高めていくことを意味する。ラグジュアリーの世界において，消費者はラグジュアリーが象徴する文化的価値や社会的価値を重視し，その中から価値を見出すことに重点を置いていることに対して，ラグジュアリーブランド企業には製品の物理的な特性だけでなく，ブランドの背後にあるストーリーや価値観も強く反映する製品の開発が求められる。その意味から，中国の高級品市場における消費者とラグジュアリーブランド企業との「価値共創」とは，ラグジュアリーブランド企業は消費者のニーズや嗜好に合った製品，または中国の伝統的文化要素を取り入れた製品の開発と提供を行い，消費者はこれらの製品の選択と購入を通じて自身の体験を豊かにしながら，改良や改善の要望を再び製品の開発にフィードバックしていくというプロセスを通じて，中国の高級品市場の規模拡大と市場価値を高めていくことである。

第2節　本書の目的と仮説

前述のように，伝統的に宝飾文化を有する中国の消費者は，持続的な経済成長に伴った所得の向上から，ミレニアル世代を中心とする中産階級層の増大をもたらし，ラグジュアリーに対する需要の増加を作り出している。それに近年

のZ世代を中心に伝統文化の要素と現代のトレンドを融合させたアパレルやコスメなどの幅広いジャンルで広がる「国潮」ブームが加えられたことにより，中国の高級品市場が厚みを増し，需要をさらに拡大させていく可能性をもたらしている。こうした消費動向に対して，高級品市場に製品・サービスを提供するラグジュアリーブランド企業は，中国という潜在性の高い市場の開拓の必要性から，中国市場へのシフトを加速させている。なかでも，中国の伝統的な宝飾文化を取り入れたアイテムを開発し，中国や中華圏にとどまらず，グローバル市場にも積極的に発信していることが注目されている。

このような中国の高級品市場におけるラグジュアリーに対する需要と供給の拡大の実態から，消費者とラグジュアリーブランド企業との連携による「価値共創」は，図表序-1のように示すことができる。つまり，高級品市場における消費者と企業との価値共創は，ラグジュアリーブランド企業が消費者のニーズと嗜好に合った製品の開発と提供，また消費者がこれらの製品の選択と購入を通じて，高級品市場規模の拡大と市場価値を高めていく過程である。その際，消費者のニーズと価値観を満たすことにとどまらず，ラグジュアリーブランド企業による中国という新たな高級品市場の創出および，その持続的な発展を通じて，中国発のラグジュアリーを世界に発信していくという好循環が期待される。

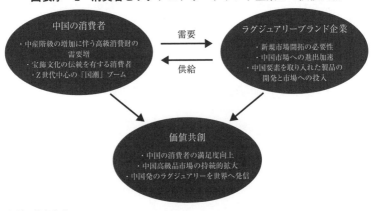

図表序-1　消費者とラグジュアリーブランド企業との価値共創

出所：筆者作成

図表序-2　既存製品市場と新規製品市場における価値共創

出所：筆者作成

　また，中国の高級品市場における「価値共創」の戦略は，図表序-2で示すように，「既存製品市場」と「新規製品市場」という2つの市場を通じて展開していくと考えられる。ただし，ここでの「既存製品市場」とは，西洋発のラグジュアリーの伝統を継承しつつ，開発された各種製品を取り扱う市場であることを意味し，また，「新規製品市場」とは，中国の伝統文化要素をラグジュアリーブランドに取り入れて，開発された各種製品を取り扱う市場であると，本書において定義する。

　つまり，中国における中産階級の増加に伴った高級消費財への需要増は，ラグジュアリーへの需要増を通して現れる。それに対して，ラグジュアリーブランド企業は，対中進出の加速と消費者のニーズに合った製品の供給拡大を行うと同時に，消費者はこれらの製品を実体験し，その満足度に関する体験談が企業へのフィードバックを通じて，製品の改良・改善につながる。すなわち，「既存製品市場」における消費者と企業との価値共創が生まれるプロセスである。他方，中国におけるZ世代主導の「国潮」ブームから生まれた中国の伝統要素と現代のトレンドを融合させた製品に対する需要と供給の拡大に触発された

ラグジュアリーブランド企業は，積極的に中国の伝統文化要素を取り入れた製品の開発と市場への投入を行うと同時に，消費者はこれらの製品が提供する新たな価値への満足度の向上を通じて，「新規製品市場」における消費者と企業との価値共創が生まれる。そして，このような2つの市場における相乗効果を通じて，中国の高級品市場の持続的な拡大を促進していくと考えられる。

　上記で見てきたように，本書は，中国の高級品市場における消費者とラグジュアリーブランド企業との価値共創メカニズムの解明を試みることが主要な目的である。そして，その共創された価値の最大化は，「既存製品市場」と「新規製品市場」という2つの市場での考察を通して明らかにする。

　また，この研究目的を達成するために，本書は，以下の3つの仮説を立てて検証を進めていく。すなわち，

仮説1：中国の高級品市場における消費者とラグジュアリーブランド企業との価値共創の可能性がある。

　既述のように，近年，中国の消費者による西洋発のラグジュアリーの消費拡大の背景には，持続的な所得向上に伴う消費動向の変化があるほか，伝統的な宝飾文化に強い影響を受けていることがある。これらの消費者は，品質，デザイン，ブランドの背後にある文化，ストーリーなどの多面的な価値を重視し，ラグジュアリーを通じて自己表現と社会的ステータスを追求しながら，自身のアイデンティティを確立しようとしている。そのため，今後も拡大し続ける中産階級はラグジュアリーへの消費需要が拡大し続けていくと考えられる。一方のラグジュアリーブランド企業は，これらの消費者の動向を敏感に察知し，消費者のニーズにあった製品の生産・販売および，中国の伝統的要素を取り入れた製品の開発・市場への投入を通じて，消費者に多種多様のアイテムを供給しようとしている。つまり，このような需要と供給の同時拡大の背景には，消費者とラグジュアリーブランド企業との価値共創があったから，という仮説である。

仮説2：消費者とラグジュアリーブランド企業との価値共創は，既存製品市場と新規製品市場という2つの市場を通じて行われる。

　消費者による西洋発のラグジュアリーの需要拡大は，消費スタイルの変化や嗜好の多様化とラグジュアリーブランド企業に捉えられており，既存製品市場における製品の提供拡大を通じて，中国市場の可能性を開拓し続けている。一方，Z世代を中心に生まれた「国潮」ブームは高級品市場の厚みを増す好機になるとも考えられており，これらのニーズに応えるために，ラグジュアリーブランド企業は中国の伝統要素を取り入れた製品の開発と供給拡大で対応している。つまり，既存製品市場において，消費者は西洋発のラグジュアリーをもとに開発された製品を自分のニーズや嗜好に基づき選択と購入を行い，自身の体験を豊かにしながら，再び企業の製品の開発や改善にフィードバックしていく可能性がある。また，新規製品市場において，Z世代を中心に現代のトレンドに中国の伝統要素を取り入れた国潮ブランドの需要拡大に触発されたラグジュアリーブランド企業は，中国の伝統要素を取り入れた製品の開発と供給および，消費者はこれらの製品の選択と購入を通じて，自身の体験を豊かにしながら，再び製品の開発や改善にフィードバックしていく可能性がある。すなわち，消費者とブランド企業との価値共創は，この2つの市場を通じて行われる，という仮説である。

仮説3：消費者とラグジュアリーブランド企業との価値共創を通じて，中国の高級品市場に新たな価値を創出し，世界の高級品市場の発展をリードしていく可能性がある。

　中国社会に根ざしてきた宝飾文化は，その意義が装飾や富の象徴にとどまらず，人々の信仰，願い，愛情といった感情を表現する手段であり，個々の文化的アイデンティティを象徴するものでもある。特に，近年の中産階級による西洋発のラグジュアリーの消費拡大の背景には，持続的な所得向上に伴う消費動向の変化があるほか，伝統的な宝飾文化に強い影響を受けていることがある。その意味から，今後も拡大し続ける中産階級がラグジュアリーへの需要を拡大

し続けていくと考えられる。一方のラグジュアリーブランド企業は，消費者の
ニーズに対応しながら，既存製品市場と新規製品市場での研究開発および供給
拡大を通じて，中国市場の厚みを増しながら，中国発のラグジュアリーを世界
に発信していくと考えられる。すなわち，中国における付加価値の高い高級品
市場の誕生と中国発のラグジュアリーは世界への発信を通じて，やがて世界の
高級品市場をリードしていく可能性が生まれる，という仮説である。

　このように，本書は，消費者とラグジュアリーブランド企業との価値共創の
可能性があるという「大前提」，価値共創は既存製品市場と新規製品市場を通
じて行われるという「小前提」，そして，価値共創の結果は中国に新たな高級
品市場の創出という「結論」，の3段論法を通じて，3つの仮説を実説にする
ための検証を行っていく。

第3節　本書の構成

　本書は，消費者とラグジュアリーブランド企業との価値共創を通じて，中国
における新たな高級品市場の創出という視点に立って研究を進めていく。より
学術研究に相応しい成果を得られるため，本書は，論文の系統性を意識しなが
ら，下記の4部門に分けて各章の内容を構成する。

　すなわち，第1部分（第1章）では，先行研究理論体系のサーベイ，第2部分
（第2章，第3章）では，西洋発のラグジュアリーと中国発の宝飾文化の比較考察，
第3部分（第4章，第5章，第6章）では，中国におけるラグジュアリー消費文
化の定着と「国潮」ブームの登場および，ラグジュアリーブランド企業による
対中進出戦略の考察，第4部分（第7章，第8章）では，消費者意識調査から本
書の3つの仮説の検証と，消費者価値最大化の検証である。

　また，各部分に含まれる各章の概要は以下のようになる。まず序章では，本
書の背景と目的，仮説および，本書の視点と特徴を述べる。

　第1章では，本書をめぐる先行研究や分析の枠組みの整理を通じて，ラグジ
ュアリーの概念と特徴を明確にする。特に奢侈品としてのラグジュアリーに対
して，消費者の需要拡大とラグジュアリーブランド企業の供給拡大から生まれ

る，消費者とラグジュアリーブランド企業との価値共創の可能性に関する理論体系をサーベイする。

　第2章では，ラグジュアリーの誕生と進化を探究するため，欧州やアジアなどの宝飾文化が誕生した背景や影響を考察しながら，ラグジュアリーの歴史的な発展を明らかにする。

　第3章では，中国の宝飾文化と伝統文化の再評価について詳述する。中国の宝飾文化の形成と特徴を概説するとともに，消費者の伝統文化に対する再評価も考察する。

　第4章では，ラグジュアリーが消費文化としての中国消費者に受け入れられることに焦点を当てる。ラグジュアリーが生み出す新たな価値および，中産階級を中心にラグジュアリーの消費拡大などを考察する。

　第5章では，「国潮」ブームとラグジュアリーとの関係性を注目し，分析を展開する。中国各世代の動向やZ世代主導の「国潮」ブームおよび，「国潮」ブームとラグジュアリーブランドとの相乗関係を考察する。

　第6章では，ラグジュアリーブランド企業による対中進出の戦略を考察する。特に既存製品市場における製品供給の多様化と差別化を中心とする拡大戦略の展開，また新規製品市場における開発と市場投入の拡大戦略を通して，消費者との価値共創を目指す企業の成長戦略を明らかにする。

　第7章では，中国消費者を対象にラグジュアリーブランドに関する意識調査を実施する。意識調査の目的と方法を明確化したうえ，回答の結果をまとめ，本書の仮説を実説にするための予備的検証を行う。

　第8章では，統計手法の導入による消費者とラグジュアリーブランド企業との価値共創を検証する。そして，価値の最大化を目指すための4Pと4Cの融合や，消費者視点の導入を提起する。

　最後に，終章では，本書から得られたものと残された課題をまとめた後，中国の高級品市場における新たな価値創出を目指すために方向性を示す。

注

1) ロイター「中国の高級品市場，昨年10％縮小　今年は回復へ＝調査」2023年2月7日（https://jp.reuters.com/article/consumption-china-luxury-idJPKB-N2UH0UZ　2024年2月5日閲覧）を参照

2) 「2025年までに中国が個人高級品市場世界No.1に　中国高級品市場を牽引するのはZ世代　アリババレポート」2021年1月14日（https://www.auncon.co.jp/column/listing/20210114-7/　2024年2月5日閲覧）を参照

3) 千禧一代・Z世代－MBA智庫百科（https://wiki.mbalib.com/wiki/Y%E4%B8%80%E4%BB%A3）（https://wiki.mbalib.com/wiki/Gen-Z　2024年2月5日閲覧）をそれぞれ参照

4) 中国国家発展改革委員会「中国中等収入群体已超4亿 中等収入大军如何"扩群"」2021年9月24日（https://www.ndrc.gov.cn/fggz/jyysr/jysrsbxf/202109/t20210924_1297381_ext.html）を参照

5) 「MIC Forum: The Rise of the Middle Class」（https://www.worldbank.org/content/dam/Worldbank/document/MIC-Forum-Rise-of-the-Middle-Class-SM13.pdf　2024年2月5日閲覧）を参照

6) 「寅年を祝うタイガーモチーフのファッションアイテムが勢ぞろい『ディオール』や『ルイ・ヴィトン』など21ブランドから」2022/01/20（https://www.wwdja-pan.com/articles/1310070）を参照

7) FASHION PRESS「ルイ・ヴィトンから中国伝統芸能『変面』着想の腕時計，"動く龍が時を告げる"オートマタ仕様」2023年3月26日（https://www.fash-ion-press.net/news/101324）を参照

| 第1章 | 理論体系と本書への応用 |

　ラグジュアリーは，ファッションブランドや宝飾品，車などの最高グレード
を表す言葉で定着している。その高価格帯がゆえに，消費者の社会的地位を示
す奢侈品の一種として，世界の富裕層に注目されている。このような消費嗜好
に対して，ラグジュアリーブランド企業が様々なマーケティング戦略を通じて，
市場の可能性を開拓し続けている。

　本章は，奢侈品の視点から消費者の所得増加とラグジュアリーの需要拡大と
の関係性を考察する。消費者とラグジュアリーブランドをめぐる先行理論体系
や，消費者とラグジュアリーブランド企業との協同から創出される高級品市場
などに関する先行理論体系を整理しながら，複眼的な視点からラグジュアリー
ブランドの理論体系と分析モデルをサーベイし，以降の各章での考察に活用す
る。

第1節　所得増加と消費需要の変化

　消費者がラグジュアリーを購入する理由は，高級消費財としての高品質や希
少性，限定性といった付加価値が含まれており，消費者の自己満足の多様性に
応えられるからである。そのため，消費者がラグジュアリーという奢侈品の購
入に見合った所得を有することは重要な条件となる。中国では，近年，国民所
得の持続的な上昇により，ラグジュアリーをはじめとする高級消費財に対する
需要が増え続けている。このような所得の増加と高級消費財の需要拡大の因果
関係は，必需品と奢侈品という分析枠組みを用いて考察することができる。

　ミクロ経済学では，様々な財を必需品と奢侈品に大別する。必需品は，その
名前のとおり生活に欠かせない財であり，米や日用生活品などを指す。一方の

奢侈品は「ぜいたく品」と言い換えられる財であり，宝石やブランドバッグなどの商品が具体例としてあげられる。必需品は，所得の増加よりも消費の増加の方が小さい財という特徴を有しているのに対して，奢侈品は，所得の増加よりも消費の増加の方が大きい財である。

　現実の世界では，消費者は非常に多くの財を購入しているが，ここでの説明がわかりやすくするため，単純に財1と財2に分けて解説する。図表1-1のAB線は予算制約線という。つまり，消費者が自分の予算（所得）の範囲内で財1と財2にすべて使い切ることを表す線である。また，三角形OABはこの予算制約条件を満たすような2つの財の消費量の組み合わせを表している。消費者が自分の消費行動を決定する際に，所得の水準と価格はきわめて重要な役割を演じている。もしこれらが変化すれば，それに伴って消費点も移動する。

　いま，ある消費者の所得が増加したと仮定する。この消費者の予算制約線はABの位置からA'B'の位置へ移動する。その際の三角形OA'B'の面積は当初の三角形OABより大幅に拡大し，この予算制約条件を満たすような2つの財の消費量にも変化が現れる。つまり，所得が2倍になれば，一定の価格のもとでは，2倍の消費が可能になるから，予算制約線が図のように移動するのは容

図表1-1　所得の増加と消費需要の変化

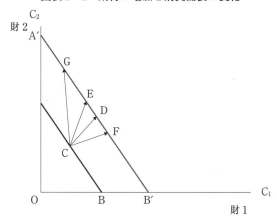

出所：筆者作成

易に理解できる。このような所得の増大とそれに伴う予算制約線の移動によって，この消費者の所得が増加する前の消費点はＣ点であったとするなら，①ＣからＧ，②ＣからＥ，③ＣからＦ，④ＣからＤという４通りの動き方を示す。

まず，所得の増加によって，消費点がＣからＧへ移動する場合，所得増加の結果，財１の消費量はかえって減少することになる。この場合，財１を下級財と呼ぶ。下級財とは，所得の増加に伴って需要や消費がむしろ減少するたぐいの財を指し，「劣等財」ともいう。例えば，学生街の安い食堂の料理は，学生の貴重な栄養源になっているが，このような食堂に頻繁に通っていた学生は，もし高い賃金のアルバイトが見つかれば，前ほどその食堂に足を運ばなくなるだろう。もしそうであるならば，この食堂の料理は下級財ということになる。

次に，所得の増加によって，消費点がＣからＥに移動する場合について考えてみる。この場合，どちらの財の消費も増えていく。しかし，財２に比べ財１の消費の増え方が小さくなっていく。その結果，所得の増加後のほうが，財１に対する支出比率（総支出のうち，財１に支出される比率）が小さくなる。このようなことが起こるのは，財１が必需品，財２が奢侈品の場合である。必需品は，米のような財であり，所得が増えても米に対する支出額はそれほど増えないだろう。つまり，必需品とは，所得が増加してもそれほど消費量が増えない財である。これに対して，奢侈品の例として，娯楽や高級衣料などは，これらの商品に対する支出は所得の増大とともに逓増的に増加していく。これは，所得の上昇につれて家計費にしめる食料費の割合が低下していく傾向にあるというエンゲル係数にも通じる。

また，もし財２が必需品であれば，所得の増大によって消費点はＣからＦの方向に移動するだろう。そして，財１と財２のどちらも極端な必需品や奢侈品でなければ，消費点の動きはＣからＤのようなものになるだろう。

このように，必需品と奢侈品の分析枠組みに従って，中産階級が増加し続ける中国社会を当てはめてみる場合，所得が増加し続ける消費者は，ラグジュアリーという奢侈品に対する需要の増加が必然の流れになる。そして，今後，富裕層がさらに増え続けていく場合，中国の高級品市場は一層の拡大が期待され

るだろう。

第2節　消費者とラグジュアリーブランド

　既述のように，ラグジュアリーは，「贅沢な，豪華な」などの意味を持つ言葉であり，高級消費財に対して使用するのが一般的である。一方のラグジュアリーブランドは，高価格帯のアイテムを展開する歴史がある高級ブランドとして注目される。そのゆえ，学術研究において，消費者のラグジュアリーブランドの需要に関して，これまで多くの理論体系や分析モデルが構築されており，「消費者行動理論」「ブランド戦略理論」「ブランドエクイティ理論」「ブランド・ポジショニング・トライアングル理論」「ラグジュアリーブランドマネジメント理論」などがその代表といえる。以下は，中国におけるラグジュアリーブランドの需要が高まりつつある現状を踏まえて，これらの理論体系を整理する。

①　消費者行動理論

　「消費者行動理論」（Veblen 1899；Maslow 1943）は，消費者の動機づけとラグジュアリー消費の背後にある心理的プロセスを考察し，特にラグジュアリーの消費が社会的地位の象徴として機能することや，消費者が自己実現の欲求を満たすために，高品質や独自性を持つラグジュアリーブランドの消費を説明した[1]。

　中国の高級品市場において，ラグジュアリーの消費が社会的地位の象徴として機能し，消費者が自己実現の欲求を満たすためにラグジュアリーブランドを消費するプロセスを説明する点は，同理論を用いて，中国消費者のラグジュアリーブランドの購入心理の分析に役立つと考えられる。

②　ブランド戦略理論

　「ブランド戦略理論」（Keller 1993；Aaker 1996）はブランドの独自性と消費者の心の中での位置づけを強調し，エレガンス，高級感，ユニークなスタイルなどのブランドの特性を定義する。消費者に強いブランドイメージを植え付ける

方法を理解するための枠組みを提供し，特にラグジュアリーブランドが消費者に価値を形成する理論体系を提示した[2]。

ラグジュアリーブランドが消費者の心に価値を形成する重要性を示す同理論は，ラグジュアリーブランドの特性の定義を通じて，中国消費者に強いブランドイメージを植え付ける方法を理解するための枠組みを提供する可能性がある。

③　ブランドエクイティの理論

「ブランドエクイティの理論」(Aaker 1991；Keller 1993) はブランドの経済的価値とその価値を生み出す要素に焦点を当て，如何に市場における消費者のブランド認知や忠誠心を獲得し，そして，如何にブランドの品質を活用してブランドの価値を決定するかと分析した。特に消費者のブランド認知，ブランド忠誠心，ブランド品質などがブランドの価値を決定づける要素として提唱したのが特徴である[3]。

ブランドの経済的価値とその価値を生み出す要素に焦点を当てた同理論の視点は，中国消費者のブランド認知，ブランド忠誠心，ブランド品質などのブランドの価値を決定づける要素の分析に参考価値があることはいうまでもない。

上記のほかに，中国消費者によるラグジュアリーブランドの需要と密接な関係を有すると考えられる「ピラミッド理論」「ラグジュアリーブランドマネジメント理論」は，以下で詳述する。

④　ブランド・ポジショニング・トライアングル理論

「ブランド・ポジショニング・トライアングル理論」は，Kapferer & Bastien (2012) が提唱したラグジュアリーブランドの価値構成要素とそれらが相互に影響を与える方法を明示した理論体系である。特に，ラグジュアリーブランドの価値構成要素を明確に示し，それらがどのように組み合わさり，相互に影響を与えているかを理解するための有力な分析枠組みとして知られる。具体的には，ラグジュアリーブランドの価値は，モノの価値，経験的価値，象徴的価値という階層的な構造からなっているのが特徴であり，「ラグジュアリー」「フ

図表 1-2　ブランド・ポジショニング・トライアングル

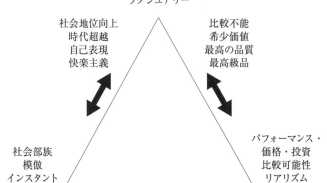

出所：Kapferer, J. N., & Bastien, V. (2012). *The luxury strategy: Break the rules of marketing to build luxury brands.* より引用

ッション」，そして「プレミアム」という3層に分けた「ブランド・ポジショニング・トライアングル」(図表1-2)を提示している[4]。

「ラグジュアリー」は，社会地位の向上，時代超越，自己表現，快楽主義，比較不能，希少価値，最高の品質，最高級品といった特徴をまとめている。これらの要素は，高価なラグジュアリーが芸術作品として扱われ，その価格が一般に疑問視されない理由となっている。また，「プレミアム」は，投資性，比較可能性，パフォーマンス，現実主義という特性を持つ。これらの特性は，ラグジュアリーのプレミアムを高め，その価値は他の商品やブランドとの比較によって決定され，価格は商品の性能や特性に基づいて正当化される。そして，「ファッション」は，模倣，インスタント，流行の追及といった軽薄さが残り，ラグジュアリーの真剣さへの追及とは対照的である。また，その価値はトレンドの追求や変化するスタイル，デザインによって決定される。

例えば，フランスの高級ブランドのシャネルは，このブランド・ポジショニング・トライアングルモデルを用いて，以下のように説明される。製品の価値として，シャネルは一貫して高品質な商品を提供し，その製品は最高級の素材

と優れた職人技によって製造されている。経験的価値として，シャネルのブティックは独自の雰囲気を持ち，消費者はその場所でシャネルというブランドのエクスペリエンスを得ることができた。象徴的価値として，シャネルは上品さと洗練されたエレガンスの象徴として広く認識されており，消費者はそのブランドを通じて自己表現を実現している。それゆえ，シャネルは最高品質のラグジュアリーとして，他社が真似できないプレミアムを創造し続けていることができたのである。

　このモデルは，中国の消費者に当てはめた場合，「ラグジュアリー」「プレミアム」「ファッション」という3つの要素で如何に有効なバランスをとるかが重要な課題になる。中産階級が増加し続ける中国市場において，消費者のラグジュアリーに対する需要と期待は独自の視点と要求を見せている。これは，消費者がラグジュアリーブランドに何を求めているか，それがブランドのどの要素と連動しているかを究明することが，企業の中国市場におけるブランド戦略のカギになるといえる。

⑤　ラグジュアリーブランドマネジメント理論

　「ラグジュアリーブランドマネジメント理論」は，Kapferer & Bastien（2012）がブランドのマネジメント戦略に焦点を当て，LOUIS VUITTON が品質と職人技を重視しながら，独自のデザインと上質な素材を使用することでブランドの独自性と希少性を強調し，それが高い価格設定で消費者に受け入れられた理由を示した理論体系である。特に，ブランドのポジショニングや，品質の維持，価値の創造，マーケティング戦略などのブランド戦略の全般を解説したことは特徴である[5]。

　図表1-3で示すように，ブランドマネジメントにおける多様な要素は，消費者のブランドに対する認識と評価を形成するうえで重要な役割を果たしている。まず，ブランド知識は，消費者がブランドに持つ基本的な認識であり，ブランド認知とブランドイメージに分けられる。ブランド認知はさらにブランドリコールとブランド再認識が含まれ，消費者が特定のブランドを認識し，思い

図表1-3 ラグジュアリーブランドマネジメントイメージ図

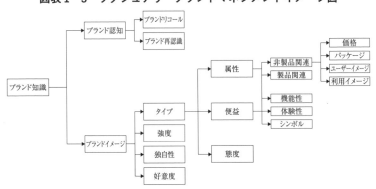

出所：Keller, K. L. (1993). "Conceptualizing, measuring, and managing customer-based brand equity," *Journal of Marketing*, 57(1), 1-22 より引用

出す能力を意味する。続いて，ブランドのタイプ，ブランド連想強度，ブランド連想独自性，およびブランド連想好意度などは，消費者の持つブランドに対する特定のイメージや感情，結びつきの度合いを示す。そこから，さらに製品やサービスの属性（製品関連要素，非製品関連要素），便益（機能性，体験性，シンボル），態度などに細分化される。特に非製品関連では，価格，パッケージ，ユーザーイメージ，利用イメージなどが重要視される。また，便益では，ブランドの機能性や，体験性，シンボルなどが消費者のブランド認識，態度，そして象徴的イメージにつながり，消費者がブランドを識別する能力，態度を特定する感情的反応を表すものとして，消費者の購入意欲を高める可能性があると強調された。

このように，多くの要素が複雑に絡み合い，ブランドの価値とイメージを形成し，最終的には消費者の購買行動に影響を与えている。これらの要素は相互に関連しており，一つひとつがブランドマネジメントにおける重要な役割を果たし，高級品市場におけるブランドの位置づけや消費者の知覚を形成するには重要な役割を果たしているといえる。

また，同理論体系を中国の高級品市場に当てはめて考える際，これらのブランド要素はきわめて重要な指標となる。特に中産階級が急速に拡大する中国に

おいて，新たな市場創出に向けたマーケティング戦略の開発は至要である。その背景には，消費者はラグジュアリーブランドをステータスの象徴とし，その購入を経済的成功と社会的地位の表現とする傾向がある。それゆえ，ブランドが持つ独自性や象徴性が，中国市場における消費者のブランドの受容と成功を大きく左右する可能性がある。また，中国特有の宝飾文化を理解し，その価値を共有し，ブランドの連想，独自性，好意度を高めることは，ブランドの消費者との強い結びつきを作り出すことに不可欠な条件である。さらに，製品の属性，価格，パッケージングなどの具体的な要素もブランドの受容に重要な役割を果たす。これらの要素を効果的にマネジメントし，消費者が求める価値を提供することができれば，このブランドは中国市場での競争力の強化を期待できるだろう。

第3節　消費者とラグジュアリーブランド企業との価値共創

　消費者とラグジュアリーブランド企業との価値共創のメカニズムの解明は本書の最重要の目的である。目的に近づけるための分析枠組みは，中国の高級品市場における文化的差異や，ブランドイメージ，ブランドの信頼といった消費者と企業との価値共創の理論体系を通じて考察を行う。消費者とラグジュアリーブランド企業との連携に関連する理論体系は主として以下のものがあげられる。

①　ブランド信頼理論

　「ブランド信頼理論」は，Chaudhuri, A., & Holbrook, M. B. (2001) がブランドへの信頼と消費者のロイヤルティや再購入意向の形成との関係を強調した理論体系である。ブランドに対する信頼は消費者のロイヤルティや再購入意向の形成に重要であると提唱すると同時に，ブランド信頼はブランドの一貫性，予測可能性，信頼性から生じており，消費者のブランド信頼の形成を通して，顧客ロイヤルティを維持できるという考察である[6]。

　この考えは，中国の消費者がラグジュアリーブランドに対する信頼感を形成するうえでカギとなる要素を提供し，消費者がラグジュアリーブランドに対す

る信頼，その信頼がブランドロイヤルティや購入意欲にどのように影響を与えるかを理解することに役立つ。

② 社会的影響と地位追求の理論

「社会的影響と地位追求の理論」は，Wang, Y., & Griskevicius, V. (2014) が消費者の購入行動が周囲の人々や社会的圧力から影響を受け，高価で高品質の製品を購入する傾向にあると主張する[7]。2023 年のウェルスレポートにおいて，ロレックスはその地位と社会的影響力を通じて消費者の購入行動に影響を与え，全世界の高級腕時計ブランドの中で最も人気があると紹介した事例は同理論モデルを用いて考察を行った[8]。

同理論を通じて，中国消費者のラグジュアリーの受容に与える影響を明らかにし，消費者がラグジュアリーブランドを消費する際，社会的地位の向上や個人のアイデンティティの構築などに価値を提供することへの理解が深まる。

③ ブランドイメージとステータス消費理論

「ブランドイメージとステータス消費理論」は，Keller, K. L. (1993) がブランドイメージが消費者の購入意欲に影響を与え，特定のブランドが提供するステータスや社会的価値が消費者のステータス意識を促進し，ステータス消費はさらに自己のアイデンティティを確認し，社会的な地位を表現する手段として機能すると主張している[9]。ルイ・ヴィトンはその豪華さと独自性のブランドイメージを通じて消費者の購入意欲に影響を与え，「Best Global Brands 2022」のラグジュアリー部門の首位（全体 14 位）にランクインしている事例は，同理論体系を用いて検証できる[10]。

以上のように，これらの理論体系は消費者のラグジュアリーに対する需要および企業と消費者の価値共創の研究に重要な示唆を提供していることはいうまでもない。なかでも，「ラグジュアリー・セグメンテーション理論」「文化的背景に基づくビジネスモデル」「消費者とラグジュアリーブランド企業との価値共創」は，消費者とラグジュアリーブランド企業との価値共創の分析に密接な

関係があると考えられるので，以下で詳述する。

④ ラグジュアリー・セグメンテーション理論

ラグジュアリー・セグメンテーション理論は，Kapferer, J. N., & Bastien, V. (2012) がラグジュアリーブランドが消費者の社会的地位の象徴や，消費者のステータスを追求する際の動機などを解説し，「個人表現としてのラグジュアリー」や，「権力への肯定としてのラグジュアリー」「生活芸術としてのラグジュアリー」「メンバーシップとしてのラグジュアリー」などの4つの側面からラグジュアリーを細分化したうえ，ラグジュアリーの本質を説いたものである（図表1-4）。

同研究はロレックスを事例に，その卓越した技術と洗練されたデザインをもとに，高級腕時計の世界での排他的なイメージを確立できたと分析している。

図表1-4 ラグジュアリー・セグメンテーション理論

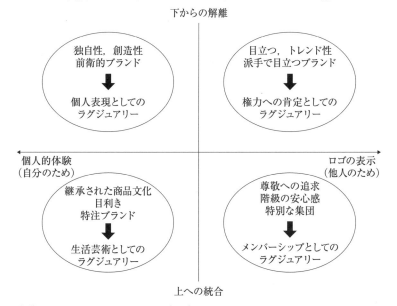

出所：Kapferer, J. N., & Bastien, V. (2012). *The luxury strategy: Break the rules of marketing to build luxury brands*, より引用

近年，ロレックスを所有することは，一部の消費者が自身の社会的地位を示す一つの手段であり，そのブランドイメージが自身の個人イメージを高める手段でもあると考えられている。そのため，同研究は，ロレックスのブランドイメージがどのように消費者に受け入れられ，そのブランドイメージが個々の消費者の社会的地位にどのように影響を与えるかを探求するにはきわめて有用なモデルになる。また，同研究は，既存のブランドイメージやステータス消費の理論を用いながら，具体的なブランドと市場の文脈でこれらの理論がどのように作用するかを明らかにすることを通じて，ブランドイメージとステータス消費の理論の適用可能性と深さを示し，既存の理論を基盤としつつ，消費者がどのようにラグジュアリーブランドを受け入れ，どうすれば新たな市場の創出になるかの考察についても，新たな視点を提供している。

⑤　文化的差異に基づくビジネスモデル

　「文化的差異に基づくビジネスモデル」は，Kapferer と Bastien（2012）が文

図表 1-5　文化的差異ビジネスモデル

	フレンチモデル	イタリアンモデル	アメリカンモデル
代表的なブランド	ルイ・ヴィトン，シャネルなど	プラダ，アルマーニなど	ラルフ.ローレン，コーチなど
価値提案	ドリーム	トレンド	ライフスタイル
コミュニケーション	伝統，創造性	ファッション	ストアの語り手
流通	エクスクルーシブ	セレクティブ	マスプレステージ，アウトレット，ウェブなど
卓越性	創造性	ファッション	マーケティング
生産	職人技	素材と工芸	大量生産，デザイン重視
産地	フランス	イタリアが主，一部は中国現地製造	米国のブランド，中国現地製造
価格帯	高価格帯サブブランドなし	サブブランドでセグメント化	手頃な価格高価なトレードアップ可
ライセンス	ライセンスなし	ライセンス利用可	ライセンス利用可

出所：Kapferer, J. N., & Bastine, V. (2012) "The Luxury Strategy: Break the Rules of Marketing to Build Luxury Brands" をもとに筆者作成

化的背景に基づくラグジュアリーブランドを分類したものである。図表1-5で示すように，同モデルはフレンチモデル，イタリアンモデル，そしてアメリカンモデルという3つの異なるモデルに分類し，それぞれの特徴をまとめた。

　フレンチモデルは，「ドリーム」を提供する価値提案を特徴とし，ルイ・ヴィトンやシャネルのようなブランドがこのカテゴリに分類される。同モデルは，伝統と創造性を強調したコミュニケーション，エクスクルーシブな流通チャネル，そして創造性，卓越性を重視することが特徴である。また，これらのブランド製品は，職人の技術によりフランスで製造され，ライセンスなしで運営されている。

　一方のイタリアンモデルは，「トレンド」を提供する価値提案を特徴とし，プラダやアルマーニのようなブランドがこれに分類される。これらのブランドは，ファッションとイタリアの起源を強調したコミュニケーション，セレクティブな流通チャネル，およびファッション性，卓越性を重視することが特徴である。製品は主にイタリアで製造され，一部はライセンスを活用して中国で製造している。

　そして，アメリカンモデルは，「ライフスタイル」の提供という価値提案を特徴とし，ラルフ・ローレンやコーチなどがこれに分類される。アメリカンモデルは，ストアを語り手とするコミュニケーション，マスプレステージやアウトレット，ウェブなどを通じた流通，およびマーケティングに重点を置いたことが特徴である。製品はデザインを重視しつつ，大量生産されている。アメリカ発のブランドでありながら，ライセンスを活用して中国で製造されている特徴がある。

　こうした3つの異なるビジネスモデルは，ラグジュアリーブランドが中国の消費者にどのような価値共創の可能性をもたらすかを理解することに様々な示唆を与えている。特に，同モデルが提供する「ドリーム」「トレンド」「ライフスタイル」という価値提案は，消費者のラグジュアリーブランドに対する認識の形成および，消費者の価値に対する解釈，そして，消費者とラグジュアリーブランド企業との相互作用を通じて価値に対する理解が深まることに重要な洞

察を提供している。さらには，これらのモデルが提供する異なる価値提案は，中国の消費者とラグジュアリーブランド企業との間の価値共創のマーケティング戦略においても，様々な影響を与える可能性があると考えられる。

⑥　消費者とラグジュアリーブランド企業との価値共創モデル

　消費者とラグジュアリーブランド企業との価値共創を見る場合，企業は単なる製品やサービスの提供者だけでなく，消費者との相互作用の中で新たな価値を創出するプロセスの一部であると Vargo, S. L., & Lusch, R. F. が強調している [11]。この視点は，中国の消費者との関係性を理解するための重要なフレームワークを提供している。中国は伝統的に宝飾文化を有し，その長い歴史と独自の意味づけを通じて，消費者の価値認識とブランド選択に影響を与え続けてきた。つまり，ラグジュアリーは，中国の宝飾文化との対話のなかで，新たな市場価値を創出する可能性を秘めている。しかしながら，これまでの先行研究では，中国の消費者とブランド企業との会話から，どのような価値が創出されるかに関する分析は必ずしも十分であるとはいえない。その意味から，消費者とラグジュアリーブランド企業との会話から生まれる新たな価値を探求し，中国の高級品市場における効果的なブランド戦略を練るための重要な洞察を提供する可能性がある。

a.　価値の分類

　価値の提供に関して，Tynan らは，ラグジュアリーブランドが提供する価値を，効用性，象徴性／表現性，自己指向性，経験的／快楽性，関係性，コスト／犠牲の6つのカテゴリに大別して，その価値を考察している。

　図表1-6は価値の6つのカテゴリを示した。ここでの効用性とは，品質の優秀さや製品の技巧など，製品が持つ機能的な価値である。また，象徴性／表現性とは，目立つ消費，バンドワゴン効果，スノッブ効果，ヴェブレン効果などを含む社会的な価値である。自己指向性とは，個人的アイデンティティ，美学，自己贈与などを含む個々の消費者の自己価値である。そして，経験的／快

図表 1 - 6　価値の分類

分類	価値の中身
効用性	品質の優秀さや製品の技巧など，製品が持つ機能的な価値
象徴性／表現性	目立つ消費，バンドワゴン効果，スノッブ効果，ヴェブレン効果などの社会的な価値
自己指向	個人的アイデンティティ，美学，自己贈与などの個々の消費者の自己価値
経験的／快楽的	消費者が製品の使用から得られる体験や感情的な喜びを強調する価値
関係性	消費者とブランド間の関係やブランドコミュニティの形成など，製品が消費者との間に築く価値
コスト／犠牲	製品の希少性や排他性を含む価値

出所：Tynan, C., McKechnie, S., & Chhuon, C. (2010)

楽的とは，消費者が製品の使用から得られる体験や感情的な喜びを強調する価値である。続いて，関係性とは，消費者とブランド間の関係やブランドコミュニティの形成など，製品が消費者との間に築く価値を指す。そして，コスト／犠牲とは，製品の希少性や排他性を含む価値で，これは消費者が製品を所有するために必要な費用や労力を強調するものである。

　上記のように，それぞれの価値のカテゴリは，中国の消費者がラグジュアリーブランドをどのように受け入れ，これらのブランドが新たな市場を創出するための戦略をどのように形成するかに様々な示唆を与えている。特に，中国の宝飾文化の高い効用性と象徴的／表現的価値を重視するという視点から，これらの要素を強調するラグジュアリーブランドは消費者に受け入れられやすいといえる。同様に，体験的／快楽的価値を提供するブランドは，消費者がブランドとの経験を共有することで新たな市場を創出する可能性が生まれる。つまり，価値の種類に関する6つのカテゴリから，中国の消費者によるラグジュアリーの受容から，消費者とラグジュアリーブランド企業との価値共創に関する分析のフレームワークを提供し，そしてより効果的なマーケティング戦略を導くことが可能になる。

図表1-7　ラグジュアリーブランドと消費者との価値共創

```
                        共創の価値
        ┌──────┬──────┼──────┬──────┐
     顧客体験    対話    アクセス  リスク評価  透明性
        │      │      │      │      │
    ブランドとの 消費者との ブランドへの 不確実性の  情報の
    相互作用  コミュニケーション  接近性    管理    開示
```

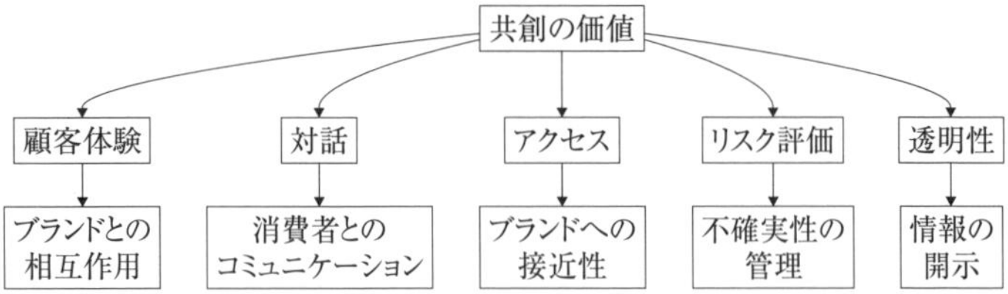

出所：同図表1-6

b. ラグジュアリーブランドと消費者との価値共創理論

　Caroline Tynan, Sally McKechnie, Celine Chhuon（2010）がラグジュアリーブランドのトレンドと市場を分析し，体験価値の実現性の調査を通じて，消費者に提供する価値の更新とオープンイノベーションの可能性を評価したモデルである。図表1-7は，高級ブランドと消費者間の価値共創プロセスを概念化したフローチャートである。中心に「共創の価値」という概念を置き，これを実現するための5つのキー要素として，「顧客体験」「対話」「アクセス」「リスク評価」「透明性」をあげている。

　ここでの「顧客体験」とは，消費者がブランドと直接交流する際の体験である。これには，実店舗でのショッピング体験や製品使用体験，サービス体験などが含まれる。また，「対話」とは，消費者とブランド間のコミュニケーションを指し，顧客サービスやソーシャルメディアでのインタラクションなど，ブランドとの様々なコミュニケーション形式が含まれる。続いて，「アクセス」とは，消費者がブランドにどのようにアクセスするか，つまりブランドの到達可能性や流通チャネルの利便性，ブランド情報の取得方法などを指す。そして，「リスク評価」とは，消費者が購入決定プロセスにおいて考慮する不確実性の要因である。これには，製品の品質，投資のリターン，ブランドの評判などが含まれる。最後に，「透明性」とは，ブランド情報のオープン性と誠実さに焦点を当て，企業の社会的責任，製品の起源，成分の開示などが含まれる。

　それぞれの要素は，ブランドとの相互作用から生じる体験，消費者とのコミュニケーション，ブランドへの容易なアクセス，リスク管理，そして情報の透

明性を通じて，消費者と企業が共同で価値を創造するプロセスが示されている。このフレームワークを通じて，消費者関与とブランド戦略の実行において重要な要素を強調し，各要素がどのように組み合わさって全体の価値を高めるかを視覚的に表現している。

注

1) Maslow, A. H. (1943). "A theory of human motivation," *Psychological Review*, 50(4), 370-396.
   Veblen, T. (1899). "Conspicuous Leisure and Conspicuous Consumption," *The Theory of the Leisure Class: An Economic Study of Institutions*, New York: Macmillan, 43, 44-45. を参照。

2) Keller, K. L. (1993). "Conceptualizing, measuring, and managing customer-based brand equity," *Journal of Marketing*, 57(1), 1-22.
   Aaker, D. A. (1996). "Measuring brand equity across products and markets," *California management review*, 38(3). を参照。

3) Aaker, D. A. (1991). *Managing Brand Equity: Capitalizing on the value of a Brand name*, the free press. New York, NY, 247-248.
   Keller, K. L. (1993). "Conceptualizing, measuring, and managing customer-based brand equity," *Journal of Marketing*, 57(1), 1-22. を参照。

4) Kapferer, J. N., & Bastien, V. (2012). *The luxury strategy: Break the rules of marketing to build luxury brands.* を参照。

5) Kapferer, J. N., & Bastien, V. (2012). *The luxury strategy: Break the rules of marketing to build luxury brands.* を参照。

6) Chaudhuri, A., & Holbrook, M. B. (2001). "The chain of effects from brand trust and brand affect to brand performance: the role of brand loyalty," *Journal of marketing*, 65(2), 81-93.
   Mou, J., Shin, D. H., & Cohen, J. F. (2017). "Trust and risk in consumer acceptance of e-services," *Electronic Commerce Research*, 17, 255-288. を参照。

7) Wang, Y., & Griskevicius, V. (2014). "Conspicuous consumption, relationships, and rivals: Women's luxury products as signals to other women," *Journal of Consumer Research*.
   Zhan, L., & He, Y. (2012). "Understanding luxury consumption in China: Consumer perceptions of best-known brands," *Journal of Business Research*. を参照。

8) Knight (2023) The Wealth Report 2023 | Knight Frank   https://content.knightfrank.com/resources/knightfrank.com/wealthreport/the-wealth-report---apr-2023.pdf　2024年2月5日閲覧を参照。

9) Keller, K. L. (1993). "Conceptualizing, measuring, and managing customer-based brand equity," *Journal of Marketing*, 57 (1), 1-22. を参照。

Veblen, T. (1899). "Conspicuous Leisure and Conspicuous Consumption," *The Theory of the Leisure Class: An Economic Study of Institutions*, New York: Macmillan, 43, 44-45.

Tian, K. T., Bearden, W. O., & Hunter, G. L. (2001). "Consumers' need for uniqueness: Scale development and validation," *Journal of Consumer Research.* を参照。

10) インターブランド「Best Global Brands 2022」レポート「ブランド価値」によるグローバル・ブランドランキング TOP100 を発表（https://prtimes.jp/main/html/rd/p/000000152.000000092.html）を参照。

11) Vargo, S. L., & Lusch, R. F. (2008). "Service-dominant logic: continuing the evolution," *Journal of the Academy of marketing Science*, 36, 1-10. を参照。

第2章 欧州から生まれたラグジュアリーと消費文化の定着

　欧州の王族・貴族の特権として享受してきたラグジュアリーが，数百年にわたる歴史の洗礼を経て，世界最高の奢侈財としての地位を不動にすることができた。一方のラグジュアリーブランドは，19世紀にフランスの高級ファッションブランドであるルイ・ヴィトンが創業されたことが起源とされる。その後，他のブランドも続々とラグジュアリー市場に参入し，競争が激化していった。なかでも，フランスのシャネルやイタリアのグッチなど，歴史や伝統を背景に独自の世界観を確立し，今もなお世界中の人々に愛され続けている。今日では，世界の富裕層が富の象徴として，ラグジュアリーに新たな価値を付与しつつ，ラグジュアリー消費文化を発展させ続けている。これらを可能にしたのは，ラグジュアリーブランド企業の，絶えず消費者のニーズに合った高品質な製品やサービスの提供，技術やデザインの革新，ブランドの価値観の強化などによるところが大きい。

　本章は，ラグジュアリーの誕生と消費文化の定着を，欧州から生まれたラグジュアリー，新富裕層を中心にラグジュアリー消費文化の定着，ラグジュアリーから生み出す新たな価値などに焦点に当てて考察を行う。

第1節　ラグジュアリーの誕生

　ラグジュアリーという概念は，中世ヨーロッパの王族・貴族文化にその起源を持つ。中世において，王族や貴族は社会階層の頂点に位置し，経済的に大きな特権を享受していた。例えば，フランスのルイ14世はヴェルサイユ宮殿でその贅沢を極め，金箔や大理石，そして多数の美術品で宮殿を飾り立てた。このような生活様式は，現代のラグジュアリーの概念に大きな影響を与えている。

なかでも，ダイヤモンドやルビーなどの貴金属や宝石は，王族・貴族に好まれ，イングランドのエリザベス１世は，真珠と宝石で飾られた衣服を好んで着用していた。これらの物品は一般市民には手の届かないものであるため，その希少性と価値が社会的ステータスを象徴していた。また，食文化においても，王族・貴族はその特権を享受していた。例えば，16世紀のイタリアの宴会においては，シュガーペーストで作られた動物形の彫刻や，金箔を使った菓子が提供されていた[1]。これらの料理は，貴族たちがその富と権力を誇示する手段となっていた。また，芸術と文化においても，王族・貴族の影響が大きい。レオナルド・ダ・ヴィンチやミケランジェロなど，多くの芸術家が王族・貴族からの後援を受けていた。その結果，多数の豪華な美術品や音楽，文学作品が生まれ，これが後の世代にラグジュアリーとして受け継がれていた。

1．ルネサンスとラグジュアリー

　ルネサンス時代（14世紀-16世紀）において，ラグジュアリーはさらに洗練され，多面的な形を取るようになった。この時代は人文主義の興隆とともに，芸術や学問が高く評価され，それが富裕層によって積極的に後援された。例えば，メディチ家はイタリア・フィレンツェで銀行業を営みながら，芸術と文化に多大な投資を行っていた[2]。メディチ家はボッティチェリやダ・ヴィンチなど，当時の一流の芸術家に対して財政的支援を提供し，彼らの作品を自らの邸宅に飾るなどしていた。このような芸術作品は，一種のステータスシンボルともなり，メディチ家の社会的地位を高めていた。服飾においても，ルネサンス時代はラグジュアリーの象徴であった。例えば，イタリアのヴェネツィアでは，貴族や裕福な商人たちはシルクやビロードの高級な服を着用し，金糸で刺繍を施すなど，贅沢を極めていた。これらの高級な素材は，遠くオリエント地方から輸入されており，その希少性がさらなる価値をもたらしていた[3]。

　また，ルネサンス時代には新しい料理や食材が相次いで登場し，食文化もまた豪華になった。トマトやジャガイモ，トウガラシなど，新大陸から持ち込まれた食材が高級料理に取り入れられ，貴族や富裕層の間で流行した。このよう

な食文化の変化も，ラグジュアリーと密接に結びついていた[4]。つまり，ルネサンス時代はラグジュアリーの多様化と高度化を促進させ，それが今日までその影響を与え続けている。

2. 欧州主要国におけるラグジュアリーの隆盛

　欧州から誕生したラグジュアリーは，主としてフランス，イタリア，イギリスなどの国において開花され，それぞれの国の特徴を持たせながら，ヨーロッパ全土に広がっていた。なかでも，フランスはラグジュアリーの発展において，著しい影響を与えてきた。特に17世紀以降のフランスは，美術，ファッション，ガストロノミーなど多くの分野で顕著になり，17世紀のルイ14世が築いた広大なヴェルサイユ宮殿はその典型的な象徴になった。宮殿は豪華な建築と内装，庭園で知られ，王とその取り巻きが享受した贅沢が具現化されていた。例えば，ホール・オブ・ミラーズ（鏡の間）は，多数のクリスタルシャンデリアと鏡で飾られ，金箔がふんだんに用いられていた。ファッションの分野では，フランスは特に18世紀において，ヨーロッパでトレンドを牽引していた。マリー・アントワネットは，彼女自身がパリの高級ドレスメーカーと密接な関係にあり，多数の豪華なドレスを注文していた。彼女の贅沢な生活様式は多くの人々に影響を与え，当時のファッションにおいて，ラグジュアリーが一つのステータスシンボルとされていた[5]。

　また，フランスにおけるガストロノミーもラグジュアリーの一環とされてきた。特に19世紀に登場した「オート・キュイジーヌ」は，料理を一つの芸術形式として捉え，非常に複雑で手の込んだ料理が作られるようになった[6]。このようなフランスにおける多種多様なラグジュアリーの登場は，国内だけでなく国際的にも広がりを見せ，多くの人々に影響を与えている。その影響は，現代のラグジュアリーブランドや高級レストラン，アートシーンにも色濃く残っている。

　一方のイタリアにおけるラグジュアリーは，ファッション，デザイン，自動車において非常に高い評価を受けていた。特にミラノは高級ブランドの発祥地

として，グッチやプラダといったブランドは世界で高く評価されている。これらのブランドは，素材選びから，デザイン，製造に至るまでの過程で極度のこだわりを示している。高級車において，フェラーリやランボルギーニはパフォーマンスとデザインの双方で極上の素材と技術が用いられている例がある[7]。

また，イギリスのラグジュアリーはしばしば「アンダーステートメント」と形容される。例として，サヴィル・ロウに位置するテーラー店は，派手さを排した高品質なスーツを提供している。これらのスーツは，控えめながらも独特の風格と品質を兼ね備えている[8]。自動車産業においても，ロールス・ロイスやベントレーは，品質と伝統を重視した高級車である。食文化に関しても，多くのレストランがミシュランガイドで星を獲得している。特に，ゴードン・ラムゼイやヘストン・ブルメンタールといった名だたるシェフが活躍する高級レストランは，イギリスのラグジュアリーを象徴している。

そのほか，ドイツでは，工業化と精密性がラグジュアリーの形成に寄与している。BMWやメルセデス・ベンツといった高級車ブランドは，その高度な工業技術と精密な設計で世界的に有名である。これらのブランド製品は，効率と性能を極めるドイツの工業哲学を体現しているといえる。スペインでは，カトリック教会が文化に多大な影響を与えている。特にゴシックやバロック様式の教会建築は，その豪華さで知られ，これが宗教美術や伝統的な工芸品，例えばセビリアの陶磁器にも影響を与えている[9]。

上記をまとめると，フランスは啓蒙思想と密接な関係があり，その結果，高級品や美術においては「美と知性」が重要な要素とされている。イタリアはルネサンスの影響を受け，美と個人主義が文化全体に浸透している。イギリスは帝国主義とエクスクルーシビティがラグジュアリーに影響を与えており，多様な文化的要素が高級品に反映されている。ドイツは工業化と技術革新がラグジュアリーに貢献しており，特に高級車にその傾向が見られる。スペインでは，カトリック教会と宗教美術がラグジュアリーに影響を与えている。これらの多様な要素は，各国のラグジュアリー品が世界的に高く評価される理由の一つであり，それぞれの文化が互いに影響を与え合いながらも，独自の特色を保って

いる。また，これらを通して，それぞれの国が持つ独自の価値観や歴史が多様
で豊かなラグジュアリーを形成し，その多様性は各国独自の歴史的・文化的価
値を生み出している。

3．日本の地場伝統工芸とラグジュアリーブランドとのコラボレーション

　上述してきたように，欧州のラグジュアリーは多様でありながらも一体とな
っており，それぞれの国の文化の発展に独自の要素を提供しながらも独自性を
保持している。そして，この発展の流れのなかで，19世紀にフランスの高級
ファッションブランドであるルイ・ヴィトンが創業され，ラグジュアリーブラ
ンドの起源となった。その後，他のブランドも続々とラグジュアリー市場に参
入し，なかでも，フランスのシャネルやイタリアのグッチなど，歴史や伝統を
背景に独自の世界観を確立し，今もなお世界中の人々に愛され続けている。ま
た，近年では，これらのブランドが海外の歴史のある地場産業や伝統文化との
コラボレーションを通じて，現地の消費者ニーズに合った高品質な製品やサー
ビスの提供，技術やデザインの革新，ブランドの価値観の強化などの動向が盛
んである。

図表2－1　日本の地場伝統工芸とラグジュアリーブランドとのコラボレーション

ブランド	時期	地場伝統工芸	コラボアイテム
グッチ	2022-2023年	335の HOSOO	ハンドバッグ
エルメス	2017年	400年の唐長	手帳
クリュッグ	2010年	200年の玉川堂	ワインクーラー
グッチ	2015年	440年の印傳屋上原勇七	鹿革印伝のバンブーバッグ
ルイ・ヴィトン	2007年	15世紀からの島塗	小物ケース
ヴァシュロン・コンスタンタン	2010-2012年	360年の象彦	京蒔絵ダイヤルの時計「メティエダール・デ・サンボリック・デ・ラックシリーズ」
エルメス（年間テーマ）	2016年	老朽化する町屋を保存し，地域の活性化を狙う	京都・祇園の町屋に出店する

出所：各種公開資料より筆者作成

例えば，日本において地場伝統工芸とラグジュアリーとのコラボレーションの動きが注目される。図表2－1で示すように，多種多様な地場伝統工芸がラグジュアリーブランドとの連携を図り，日本の伝統要素を活かしたアイテムを創作し消費者に提供している。2022年グッチと最古の西陣織会社 HOSOO とのコラボレーションでは，究極の美を追求し続ける西陣織のストーリーと，グッチのクリエイションが融合した唯一無二のハンドバッグを創り上げた。

また，2023年には，グッチのアイコンである GG パターンとフローラモチーフを斬新に表現したテキスタイルを用いたハンドバッグが発売された[10]。そして，エルメスと400年続く唐長との手帳コラボレーションは，2017年に祇園の特設店舗で展開された[11]。この連携は，エルメスの洗練されたデザインセンスと唐長の細やかな工芸技術が交わり，新しい美学を創出した。クリュッグと200年の歴史を持つ玉川堂とのボトルクーラーでのコラボレーションも，2011年に実現された[12]。両社の専門性と優れた美意識が融合し，新たな形の美を生み出した。

そして，グッチと440年の歴史を誇る印傳屋上原勇七との鹿革印伝のバンブーバッグは，グッチの先進的なデザインと印傳屋上原勇七の伝統的な技法が交錯することで，新しい価値を生んでいる[13]。また，2007年ルイ・ヴィトンと輪島塗とのコラボレーションでは，能登半島地震で被災した石川県輪島市の輪島塗の工房と共同で小物ケースを制作した[14]。さらに，ヴァシュロン・コンスタンタンと360年続く象彦とのコラボレーションでは，京蒔絵ダイヤルの時計「メティエダール・デ・サンボリック・デ・ラックシリーズ」が2010年から2012年にかけて制作された[15]。一方，コラボレーションではないが，エルメスが老舗デパート，大丸松坂屋百貨店が創業300周年を記念し，京都・祇園の町屋に出店するというプロジェクトを立ち上げ，老朽化する町屋を保存し，且つ地域の活性化を狙うものである[16]。

このように，欧米のラグジュアリーブランドと日本の伝統工芸とのコラボレーションは，それぞれの深みと悠久さ，そして革新性を最大限に活かし，新たな価値を創出している。これらは歴史と革新が一体となって，新しい形のラグジ

ュアリーを日本で生み出す事例として評価されている。

■ 第2節　新富裕層を中心にラグジュアリー消費文化の定着

　19世紀の産業革命は，経済，社会，そして文化に多大な影響をもたらしたが，その中でも特に新富裕層の登場が注目される。この新しい社会階層は，商業と工業における成功によって富を築いた人々であり，従来の貴族や地主とは異なる価値観と消費行動を持っていた[17]。特に，これらの新富裕層はラグジュアリーに対する需要を高め，それまでの高級品市場を拡大させた。工業革命によって生産効率が高まり，多様な製品が大量生産されるようになると，新富裕層はその購買力でこれらの製品を消費し，さらに自分たちの社会的地位を高めようとした[18]。この傾向は，特に高級な家具，衣服，乗り物などの奢侈品の消費に現れ，ラグジュアリーの消費を文化として定着させる効果となった。

1．新富裕層主導のラグジュアリーの消費

　イノベーションによって，より高品質な家具が生産されるようになり，新富裕層はこれらの家具を購入して自宅を豪華に飾ることで，自分たちの成功と富を周囲に示そうとした。同時に新富裕層はファッションにおいても独自のスタイルを確立しようとした。細かいデザインや織り方が可能となった新しい織物技術は，より個性的な衣服を生み出し，新富裕層がこれらを通して自分たちの個性や独自性を表現した[19]。このような消費行動は，新富裕層が持つ独自の文化や価値観を形成する大きな要素となり，ラグジュアリーの消費を消費文化として定着させるに大きな促進力となった。

　消費文化は，個人所得の大きな金額がある特定の財の消費に継続的に使われるときに形成され，現代社会に生きる人々の，「生きざま」や「生活態度」を反映したものである。現に富裕層を中心に拡大し続けるラグジュアリーの消費は，ラグジュアリー消費文化を現代社会に定着させる効果にとどまらず，新富裕層が持つ購買力は，19世紀後半における芸術や文学，音楽にも影響を与えた。新富裕層は，自分たちのステータスをさらに高める手段として芸術作品を収集

し，また公共の場でのパフォーマンスや展示に資金を提供した[20]。これにより，19世紀の産業革命は新富裕層の登場を通じて，社会全体のラグジュアリーに対する概念や価値観を変え，多様な文化的表現と生活様式の拡充に促進効果をもたらした。

　このような新富裕層がラグジュアリーをステータスシンボルとする背景には，複数の要因が組み合わさっている。まず，資本主義社会において，新富裕層はその富を可視化する手段として高級品を用いることが可能になった。この傾向は，17世紀以降の商業革命に起源を持ち，資本主義の成熟とともにより顕著になってきた。高級品は，その希少性，品質，および高価格が社会的なステータスを象徴するため，富裕層にとっては貴重な社会的資本である。次に，高級品の消費は富裕層にとっての「社会的区別」の手段にもなっている[21]。

　つまり，新富裕層は高級品を通じて自分たちの独自性や特別性を演出し，他の社会階層とは異なるという意識を高めようとすることである。このようなステータスシンボルは，特に新興富裕層にとって重要であり，自分たちが新たに手に入れた富と社会的地位を確固たるものとするために用いられた。さらに，高級品消費には対外的ディスプレイの側面も存在する。新富裕層は，社会的なイベントや公共の場での高級品の使用を通じて，その富と影響力を広く社会に知らしめた。例えば，高級自動車や高級時計，ブランド服などは，その所有者が持つ経済力と社会的地位を象徴するアイテムとされている。また，新富裕層が高額な芸術作品を購入する行為も，彼らが文化的にも優れた存在であるというメッセージを送る手段となっていた。

　概して，新富裕層がラグジュアリーをステータスシンボルとする背景は，社会における経済的な成功の可視化，社会的区別の追求，および対外的ディスプレイの必要性に起因する。これらの要因は，社会構造，文化，および個々の心理に根ざしており，新富裕層が高級品に対して持つ特有の価値観や消費行動を形成し，その購買を通じて，ラグジュアリー消費文化が現代社会に影響を与え続ける要因になっている。

2. マスメディアの発達とラグジュアリーの普及

　20世紀に入ると，マスメディアの発展がラグジュアリーの普及に重要な役割を果たした。特に，テレビ，ラジオ，雑誌，そして後にはインターネットがその手段となった。これらのメディアは，高級品やラグジュアリーブランドが持つ「魅力」や「ステータス」を広範な層に伝え，一般大衆にもこれらの商品に対する欲求を高める効果となった。このメディアの影響により，ラグジュアリーはもはや限られた富裕層だけのものではなく，中産階級やそれ以下の社会階層にも広まるようになった。特に雑誌における広告やテレビコマーシャルは，ラグジュアリーが持つステータスや特権を効果的に伝える手段となり，多くの人々を消費に駆り立てた。

　また，マスメディアは「セレブリティ文化」を形成し，これがラグジュアリー消費にさらなる加速をもたらした。セレブリティが高級品を公然と使用することで，その製品やブランドの価値は一気に高まり，一般の人々もそのような商品を持つことでセレブリティに近づけるという感覚が生まれた。これは，特にソーシャルメディアの普及によって加速させられた。ソーシャルメディアを通じてセレブリティが日常的に高級品やラグジュアリー体験を共有することで，ファンやフォロワーもそのようなライフスタイルを目指すようになった。

　加えて，20世紀後半には，高級ブランド自体がマスメディアを巧妙に利用し，自らのブランドイメージを構築した。例えば，特定のブランドが映画やテレビドラマで使用される「プロダクトプレイスメント」は，そのブランドに対する認知度を高め，消費者の購買意欲を刺激した。これにより，ラグジュアリーブランドはその存在を一層確固たるものとした。

　このように，20世紀のマスメディアの発展は，ラグジュアリーの普及とその消費文化に多大な影響を与え続けている。マスメディアの力によって，ラグジュアリーは特定の社会階層に限られた現象から，より広範な社会に浸透する文化的現象へと変貌を遂げ続けている。そのなかで，広告はラグジュアリー価値の拡大において中心的な役割を果たしている。特に，マスメディアの影響力が高まるなかで，広告はラグジュアリーブランドや高級商品のイメージ構築に

おいて不可欠な手段となっている。広告は，商品そのものの機能や性能を超えた「物語性」や「夢」を消費者に提供する。例えば，一流のモデルや俳優が出演する広告は，その商品が持つラグジュアリーとステータスを象徴し，消費者はその広告を通して高級な生活や成功を手に入れる幻想を抱くようになる。また，広告は地域や文化の違いに応じて，ラグジュアリーの定義や価値観を多様化させる手段にもなっている。

　フランスで高級なワインや香水の広告が頻繁に見られるのは，フランス文化においてそれらが持つ独自の価値観や伝統を反映している。同様にアメリカでは，高級車やジュエリーの広告が多く見られるが，これはアメリカのマテリアリズム文化と成功の象徴としてラグジュアリーに対する価値観を反映している。さらに，デジタルメディアの発展によって，広告は一層パーソナライズされ，ターゲットとする消費者層に合わせて細かく設計されるようになった。これにより，ラグジュアリーはさらに身近なものとなり，その価値は拡大を続けている。そして，かつて貴族や富裕層に限られた特権であったラグジュアリーが，20世紀に入るとともに，中産階級の台頭がこの状況を大きく変えた。特に経済成長に伴った中産階級の拡大によって，これらの高級消費財が「手の届くラグジュアリー」として中産階級に普及し始めた。そして，テレビやインターネットなどのマスメディアおよび，広告によって，中産階級は高級消費財が持つステータスや品質，美学に触れ，それを手に入れることで自らの社会的地位を高める手段と認識するようになった。

　この現象は，消費文化において「求心的な差異化」と呼ばれる。つまり，高級品やラグジュアリーが持つ価値観やステータスが広い層に普及することで，社会全体の価値観が均一化されていくのである[22]。中産階級がラグジュアリーを求める理由は多様であり，それは単なる物質的な欲求だけでなく，自己実現や社会的承認，さらには生活の質の向上などにもつながる。中産階級におけるラグジュアリー価値の普及は，社会全体，特に消費者行動や広告戦略，ブランドポジショニングに影響を与えている。この影響は，2023年「最も価値のあるグローバルブランドトップ10」のランキング（図表2-2）で明らかにされる。

第2章　欧州から生まれたラグジュアリーと消費文化の定着　41

図表2-2　2023年最も価値のあるグローバルブランドトップ10

ランク		ブランド	業種	ブランド価値 (US $ million)	前年比 (%)
2023	2022				
1	1	Apple	Technology	502,680	4
2	2	Microsoft	Technology	316,659	14
3	3	Amazon	Technology	276,929	1
4	4	Google	Technology	260,260	3
5	5	Samsung	Technology	91,407	4
6	6	Toyota	Automotive	64,504	8
7	8	Mercedes-Benz	Automotive	61,414	9
8	7	Coca-Cola	Beverages	58,046	1
9	10	Nike	Sporting Goods	53,773	7
10	13	BMW	Automotive	51,157	10

出所：インターブランド「Best Global Brands 2023」レポートより

　各ブランドの市場での影響力と成長の傾向が，前年比の順位変動を通じて明示されているが，この中で，アップル，マイクロソフト，アマゾン，グーグル，サムソンなどのテクノロジー企業がベスト5を占めていることは特筆すべきであろう。

　以上を総括すると，ラグジュアリーという価値観は，富裕層から始まり，中産階級にも拡大している状況が見受けられる。20世紀以降，中産階級の人口が増加し続けるなかで，高級ブランドやラグジュアリー商品に対する需要が拡大し続けている。新たに台頭した富裕層や，多種多様な高級品市場の形成が進むことで，ラグジュアリーに対する価値観も多様性を帯びてきている。この傾向は，マスメディアや広告の力により，一般消費者にも広がりつつある。かつて手の届かなかった高級品は，今や「手が届く」ものとして中産階級でも受け入れられ，それが社会全体の価値観や消費行動に影響を与えている。この現象は，いわばラグジュアリー価値の「民主化」を体現しており，高級品が持つ独特のステータスや品質，美学が，多くの人々によって重要な価値として認知され始めている。これまで富裕層が長らく独占してきたラグジュアリーの価値が，中産階級を含むより広い層に普及する形となっている。これは，社会構造や消

費者行動，さらにはブランド戦略にも影響を及ぼし，ラグジュアリー市場のさらなる拡大と多様化を促している。そして，このような市場環境の変化は，今後それがどのように各層の価値観や消費行動に影響を与えるのか，引き続き注目される課題となる。

▌ 第3節　ラグジュアリーが生み出す新たな価値

　21世紀に入り，ラグジュアリーの概念自体が多様化している。インターネットの普及とグローバリゼーションによって，従来の高級ブランドといわれるもの以外にも，多くの新しいブランドや製品がラグジュアリーとして認識されるようになっている。特に，サステナビリティやエシカルな価値観を重視する「エシカル・ラグジュアリー」，個々の消費者の個性やニーズに応じた「パーソナライズド・ラグジュアリー」など，新しいカテゴリが登場している[23]。これにより，消費者の価値観が多様化し，それに応じて市場も細分化していく。

1．多様化されたラグジュアリーのアクセス方法

　21世紀にはラグジュアリーに対するアクセス方法も多様である。オンラインショッピングの普及により，物理的な店舗に行かなくても高級品を手に入れることができるようになった。さらに，レンタルやサブスクリプションといった新しい消費形態が登場し，それによって一時的にでもラグジュアリーを手に入れることが容易になっている。このような変化は，ラグジュアリーが持つ「排他性」にも影響を与えている。かつては高価であることが一種の排他性を作り出していたが，今日ではその価値観の多様化により，多くの人々が様々な形でラグジュアリーを楽しむことができるようになっている。その結果，ラグジュアリーはより広い層の消費者に受け入れられ，その定義も拡大している。つまり，21世紀のラグジュアリーの多様化は，社会全体の価値観の多様化と密接に関連している。その多様化が進むなかで，個々の消費者が求める「良い生活」の形も多様であり，それが反映されてラグジュアリーのカテゴリもまた多様化している。そのため，ラグジュアリーから生み出す新たな価値に関するラグジ

図表2-3　逆張りのラグジュアリーマーケティング戦略

4P 戦略	マーケティングの定石	ラグジュアリー逆張り戦略
PRODUCT （製品）	十分な品質 （適合品質，過剰品質不可） 相対的品質 機能・便益，使用，適合性要求への一致	卓越した品質 （こだわりの品質，物語のある製品） 絶対的品質 感性品質（経験価値）
PRICE （価格）	低価格 相対価値	高価格 絶対価値
PLACE （流通）	広い流通チャネル	限定された流通チャネル
PROMOTION （広告）	大量の広告	パブリシティ重視（メディアに 取り上げられること）

出所：長沢伸也著（2009）『それでも強いルイ・ヴィトンの秘密』講談社，p.22 より

ュアリー戦略は，従来型マスマーケティング戦略とはまったく異なるものが必要になると指摘される。

　図表2-3は，ラグジュアリーのマーケティング戦略と従来型のマーケティング戦略との違いをまとめたものである。これは，従来の製品の品質，価格，流通，プロモーションなどのブランド戦略と基本的に対立する特性を有している。具体的には，ラグジュアリーの卓越した品質と高価格，限定された流通チャネル，メディアによるパブリシティの重視，そしてブランド拡張を避けるといった逆張りのマーケティング戦略は，従来のマーケティング戦略と一線を画していることがわかる。

　とりわけ，持続可能性とラグジュアリーとの関連性は，21世紀に入って特に注目されるようになっている。かつてラグジュアリーは，豪華で贅沢な消費を指すものであり，持続可能性とは一見矛盾する概念であると考えられていたが，環境意識の高まりやサステナビリティに対する社会的要求の増加によって，この2つの概念は接近してきている[24]。特に，高級ブランドがサステナビリティを重視した商品開発や生産プロセスに取り組み始めたことで，エシカルな価値観がラグジュアリーに組み込まれつつある。消費者側でも，持続可能でエシカルな製品に対する需要が高まっている。これは特に若い世代に顕著である。彼らは製品の質だけでなく，その製品が作られる過程や企業の社会的責任にも

関心を寄せている。そのため，従来のラグジュアリーの定義，すなわち高価で排他的な製品に加えて，「持続可能である」という属性が，新たな価値として加わりつつある。このような流れのなかで，企業は，ラグジュアリーブランドの持続可能性をビジネスモデルに取り入れ，それをマーケティング戦略に反映させるようになっている[25]。

2. 持続可能性なラグジュアリー

ラグジュアリーは，単なるステータスシンボルからそれ以上の価値を有するものとなり，企業のエシカルな姿勢や持続可能な活動が評価されるようになっている。持続可能性とラグジュアリーの接近は，社会全体の価値観の変化を反映している。持続可能な方法で製品を生産すること，それが高級品として受け入れられることは，現代社会においてラグジュアリーが担うべき新しい役割となっている。この持続可能性とラグジュアリーとの結びつきは，今後ますます強まると考えられ，それが新しいラグジュアリーのスタンダードを形成していく。

そのなかで，エコフレンドリーな製品の登場は，ラグジュアリーと持続可能性が交錯する現代において特に重要な意味を持つ。従来，ラグジュアリーは多くの場合，資源を大量に消費し，環境に負荷をかけるものであった[26]。しかし，近年では，このような状況に変化が見られるようになっている。多くのラグジュアリーブランドが持続可能性に配慮した製品開発に乗り出している。例として，スイスの高級時計ブランド「オメガ」は，海洋プラスチックをリサイクルして作られた限定版の腕時計を発表した[27]。この製品は，高級でありながら持続可能性に配慮しているという点で非常に注目された。エコフレンドリーな製品がラグジュアリー市場で増えている背景には，消費者側の意識の変化が影響している。特に若い世代は，製品のクオリティと同時にその製造過程や環境への影響も評価している。そのため，高級ブランドにとっては，単に豪華で贅沢な製品を提供するだけでなく，その製品がどのようにして作られたのか，持続可能な素材は使用されているのかといった点も重要なマーケティング要素と

なっている。

このような動きにより，エコフレンドリーな製品は従来のラグジュアリー市場を拡大させ，多様化させる一方で，新しい価値基準の設定にも機能している。つまり，エコフレンドリーな製品の登場は，ラグジュアリーと持続可能性がうまく結びつく形で現れている。この結びつきは，従来のラグジュアリーの価値観を再定義するとともに，持続可能な未来へと導いている。消費者側の意識の変化と高級ブランドの積極的な取り組みによって，この新しいラグジュアリーの形はますます広がっていくと考えられる。

また，地域と文化への配慮とエシカルな消費は現代のラグジュアリー市場において避けて通れないテーマである。特に，グローバリゼーションが進展する現代において，ラグジュアリーブランドは多様な文化背景を持つ消費者層にアピールする必要がある。このような状況下で，地域や文化への感度が高まっている。例として，地域文化の差別や人種差別などでD＆G，プラダ，グッチなどの高級ブランドが批判を受けた経験がある[28]。その後，各社は地域と文化に敬意を持つ製品開発とマーケティング戦略を採用し，さらに持続可能性にも力を入れている。エシカルな消費もまた，ラグジュアリーと密接に関連している。具体的な事例として，「ステラ・マッカートニー」は動物保護と環境保全に特化したラグジュアリーブランドである。このブランドは，レザーや毛皮の代わりに持続可能な素材を使用するなど，エシカルな製品開発に注力している[29]。その結果，エシカルな消費を望む消費者からの支持を集めている。

このように，地域と文化，そしてエシカルな消費への配慮は，消費者が高級品に求める価値観の多様化を反映している。従来はあまり重視されなかったこれらの側面が，今日ではラグジュアリーの価値を決定する重要な要素となっている。特に，持続可能性やエシカルな価値観が社会全体で高まるなか，ラグジュアリーブランドがこれらの要素を取り入れることは，単に社会的なトレンドに対応するだけでなく，ブランド価値そのものを高める手段にもなっている。このように地域と文化への配慮とエシカルな消費は，ラグジュアリーブランドが直面する重要な課題であり，これをうまく取り入れることで新しい価値を創

出できる可能性が高い。既存の高級ブランドだけでなく，新進ブランドにとっても，これらの側面を考慮した製品開発とマーケティングが求められている。

注

1）Bynum, C. W. (1988). *Holy feast and holy fast: The religious significance of food to medieval women* (Vol. 1), Univ of California Press. を参照。

2）Huizinga, J. (1924). *The Waning of the Middle Ages: a study of the forms of life, thought and art in France and the Netherlands in the XIVth and XVth centuries*, E. Arnold. を参照。

3）Veblen, T. (1899). *The Theory of the Leisure Class*, [Originally published by Macmillan New York]. を参照。

4）Bynum, C. W. (1988). *Holy feast and holy fast: The religious significance of food to medieval women* (Vol. 1), Univ of California Press. を参照。

5）Veblen, T. (1899). "Conspicuous Leisure and Conspicuous Consumption," *The Theory of the Leisure Class: An Economic Study of Institutions*, New York: Macmillan, 43, 44-45. を参照。

6）Spang, R. L. (2019). *The invention of the restaurant: Paris and modern gastronomic culture*, Harvard University Press. を参照。

7）Kapferer, J. N., & Bastien, V. (2012). *The Luxury Strategy: Break the Rules of Marketing to Build Luxury Brands*, Kogan Page Ltd. London. を参照。

8）Bourdieu, P. (1984). *Distinction: A social critique of the judgement of taste*, Harvard university press. を参照。

9）Kamen, H. A. F. (2003). *Empire: how Spain became a world power, 1492-1763*. を参照。

10）HOSOO 公式ページ (https://www.hosoo-kyoto.com/jp/projects/gucci2/ 2024 年 2 月 5 日閲覧) を参照。

11）「京都で 400 年続く老舗とコラボしたエルメスの "アレ" がスゴい！」(https://oceans.tokyo.jp/article/detail/20455　2024 年 2 月 5 日閲覧) を参照。

12）「2 つの老舗メゾンが実現した究極のボトルクーラーとは？」(https://www.gyokusendo.com/news/42　2024 年 2 月 5 日閲覧) を参照。

13）「印傳屋とグッチがコラボ　日本の伝統，世界で評価　山梨」(https://www.sankei.com/article/20141030-SYKBNTT6WFOSJPHDXNYKD6CZHQ/　2024 年 2 月 5 日閲覧) を参照。

14）「ルイ・ヴィトン，輪島塗とコラボ　被災の「仲間」支援」(http://www.asahi.com/fashion/article/OSK200711200091.html　2024 年 2 月 5 日閲覧) を参照。

15）象彦公式ページ (https://www.zohiko.co.jp/collaboration/1731/　2024 年 2 月 5 日閲覧) を参照。

16）エルメスが祇園とコラボ？京都に期間限定ショップ来年夏迄 (https://www.

pb01.net/brand-info/kyoto_hermes）を参照。

17）　Hobsbawm, E. J. (1969). *The age of revolution: Europe 1789-1848.* を参照。

18）　Smelser, N. J. (2013). *Social change in the industrial revolution: An application of theory to the British cotton industry,* Routledge. を参照。

19）　McKendrick, N., Brewer, J., & Plumb, J. H. (1982). *The birth of a consumer society: the commercialization of eighteenth-century England.* を参照。

20）　Bourdieu, P. (1984). *Distinction: A Social Critique of the Judgement of Taste,* Harvard University Press. Cambridge. を参照。

21）　同上掲 Bourdieu, P. (1984) を参照。

22）　Bourdieu, P. (1984). *Distinction: a social critique of the judgement of taste,* (Translated by Richard Nice) Cambridge, MA: Harvard University Press. を参照。

23）　Tynan, C., McKechnie, S., & Chhuon, C. (2010). "Co-creating value for luxury brands," *Journal of business research,* 63(11), 1156-1163. を参照。
　　　Joy, A., Wang, J. J., Chan, T. S., Sherry Jr, J. F., & Cui, G. (2014). "M (Art) worlds: consumer perceptions of how luxury brand stores become art institutions," *Journal of Retailing,* 90(3), 347-364. を参照。

24）　Kapferer, J. N. (2012). *The new strategic brand management: Advanced insights and strategic thinking,* Kogan page publishers. を参照。

25）　Tynan, C., McKechnie, S., & Chhuon, C. (2010). "Co-creating value for luxury brands," *Journal of business research,* 63(11), 1156-1163. を参照。

26）　Barnes, L., & Lea-Greenwood, G. (2006). "Fast fashioning the supply chain: shaping the research agenda," *Journal of Fashion Marketing and Management: An International Journal,* 10(3), 259-271. を参照。

27）　Todeschini, B. V., Cortimiglia, M. N., Callegaro-de-Menezes, D., & Ghezzi, A. (2017). "Innovative and sustainable business models in the fashion industry: Entrepreneurial drivers, opportunities, and challenges," *Business horizons,* 60 (6), 759-770. を参照。

28）　毎日新聞「D & G，プラダ，グッチ…高級ブランドの先鋭デザインは「差別的」か　ネットで批判，謝罪相次ぐ」2019/3/24 を参照。

29）　Joy, A., Wang, J. J., Chan, T. S., Sherry Jr, J. F., & Cui, G. (2014). "M (Art) worlds: consumer perceptions of how luxury brand stores become art institutions," *Journal of Retailing,* 90(3), 347-364. を参照。

第3章	伝統宝飾文化から新たな 消費トレンドの創出

　中国には伝統的に宝飾文化がある。その宝飾文化の原点は「玉」である。「玉」の使用は，古くは8000年前の新石器時代まで遡る[1]。この長い歴史と多様な文化の中で翡翠とも称される「玉」は，特別な地位を占めてきた。すなわち，この美しい石は，希少価値と装飾品の機能を有するほか，美徳や高貴な精神，美しさ，純潔，神秘性の象徴，社会的ステータスや身分の表現などに使われていた。また，古代の神話や文学では，玉は王族や貴族などにその価値が高く評価されていた。そして，玉にまつわる様々な故事，ことわざ，伝説などが中国文化と歴史，特に宝飾文化の形成に大きな影響を与えてきた。その意味から，玉から生まれた宝飾文化は時代を超越して，今日まで中国人の価値観を左右し続けているといえる。

　本章は，玉が中国の宝飾文化に多面的な影響を与えてきた事実および，その多様な側面と複雑な関係性を概観し，玉から生まれた宝飾文化，その宝飾文化が中国の消費者に与えた影響などの考察を通して，中国人と「玉」との関係性を歴史的，文化的な視点から探るとともに，経済発展に伴った中国社会における伝統文化への再評価と新たな消費トレンドの創出を考察する。

第1節　「玉」から生まれた宝飾文化

　中国の古代文明において，玉は非常に特別な位置を占めていた。儀式や祭りでは，玉は神聖な力を有するとされ，玉製の神像や祭具が頻繁に登場し，その色彩と透明感は神々の純粋さと高貴さを象徴していた。宗教儀式以外では，玉は命を呼び込む力があると信じられていたため，玉製の武器や装飾品はしばしば墓に納められ，死後の世界でもその力を発揮すると信じられていた。また，

王族や貴族などの高い社会的地位を有する人々は，公の場に登場する際，玉製の冠や装飾品，さらには玉製の刀や矛を身に着けることが一般的である。玉を所有すること自体は権力の証とされ，玉を身に着けることでその崇高な地位を一層際立たせる効果があった。

このような玉の社会的影響は，古代中国の社会構造や価値観にも大きな影響を与えていた。玉を贈る行為は，きわめて高い敬意や誠実な意志を示すものとされていた。それゆえ，政治的な同盟を結ぶ際や重要な婚姻を行う際には，玉製品が贈られることが一般的であった。また，玉は貨幣としても使用され，その交換価値が高かった。

また，玉は古代中国の文学や芸術にもしばしば登場していた。その美しさと希少性は多くの詩人や作家にインスピレーションを与え，玉に関する詩や物語は後世にも大きな影響を与えた。特に玉が象徴する純粋さや高貴さは，多くの文学作品で愛や美，権力や神聖さの象徴とされていた。そして，玉は古代中国の哲学や宗教観にも密接に関わっていた。玉の美しさや完璧さは，儒教や道教の理念にも通じるものがある。例えば，中国古典『礼記』[2] では，「君子無敵，玉不去身」（紳士は無敵であり，彼の体から玉を取り除くことはできない）という教えがある。これは，玉のような美徳を持つ者は真の「君子」とされていた。そのほかに，玉は美と純粋さの象徴として頻繁に描かれており，「玉容寂寞涙蘭乾」（玉の顔は寂しくて寂しい，白居易《長恨歌》）や「玉在山而草木潤」（玉は山にあり，草や木は湿っている，荀子《勧学》）などの詩に玉の象徴性が表現されていた。

1.「玉」にまつわる成語

長い中国の歴史の中で，玉にまつわる成語もたくさん生まれた。図表3-1に示されるように，玉に関連するこれらの成語は，それぞれが独自の故事や背景，象徴性を持つ。その多様性は，玉が中国の伝統文化において何を象徴し，どのように解釈されているのかを総合的に捉える重要な手がかりになっている。

例えば，図表3-1で示すように，「玉石俱焚」は，良いものと悪いものが一緒に破壊されるという意味であり，危機的状況での選択の重要性を象徴してい

図表3-1　中国文化における「玉」関連成語の一覧

成語	意味	出典	関連性・象徴性
玉石倶焚	良いものと悪いものが一緒に破壊される	《尚书・胤征》	危機の象徴
亭亭玉立	スリムで優雅な女性	古典文学から	若い女性の美しさを表現する
如花似玉	花と翡翠のように美しい	古典文学から	若い女性の美しさを表現する
瑕不掩瑜	小さい欠点が美点を隠さない	古い故事から	美徳と容認の象徴
珠円玉潤	文章が流麗で，言葉が美しい	《咏水诗》	言語の美の象徴
玉樹臨風	人物が非常に優雅で美しい	杜甫《饮中八仙歌》	優雅と美の象徴
玉潔氷清	純潔で清らかである	古典文学から	純粋さと高潔さの象徴
玉液瓊漿	高級な酒	古典文学から	贅沢と高級の象徴
玉容寂寞	美しいが寂しい	白居易《長恨歌》	美しさと寂しさの象徴
金玉滿堂	金と翡翠がいっぱい	『老子』	富いっぱいの比喩

出所：筆者作成

る。また，「亭亭玉立」や「如花似玉」は女性の美しさを表現し，若い女性のスリムで優雅な姿や花と翡翠のような美しさを如実に反映している。続いて，「瑕不掩瑜」や「珠円玉潤」は，美点と欠点，または美しさと才能の共存を表現している。特に「瑕不掩瑜」は美玉の光沢を表し，小さな欠点は大きな美点を隠さないという意味で，人々が美徳や容認に対する理解を示している。そして，「玉樹臨風」や「玉潔氷清」は，美と純粋さ，高潔さを同時に象徴している。

　成語の中には，豪華な生活や物質的な富を象徴するものもある。例えば，「玉液瓊漿」は高級な酒を指し，贅沢と高級の象徴である。一方で，「玉容寂寞」は美しさがありながらも寂しさを感じる状態を表し，美しさと寂しさの両面性を示している。また，「金玉滿堂」は富いっぱいの比喩として，金と翡翠をたくさん持っていることを表現している。

　このように，成語を通して，玉は単なる装飾品だけでなく，それ以上の多層的な意義を持つことがわかる。それは美しさ，純粋さ，高潔さ，多面性，そして時には矛盾する特性をも内包している。これらの多様な要素が組み合わさって，玉と中国文化の内涵は非常に広範で多面的なものであると理解される。

2. 「玉」と宗教・文化・社会

「玉」は宗教，芸術，医学，経済にも様々な役割を果たしてきた。図表3-2
は，玉がその多面的な役割をまとめたものである。

まず，儒教における「玉」の価値観に注目すると，前述した「君子無敵，玉
不去身」という言葉のように，玉は美徳と道徳性の象徴とされている。この点
においては，儒教の思想が「君子」，すなわち，高い道徳性を持つ者を理想と
する文脈で解釈される。具体的には，儒教では孝行，礼儀，誠実などの美徳を
大切にし，これらの美徳が玉の瑞々しさ，純粋さ，堅固さに喩えられる。同じ

図表3-2　伝統文化における玉の多面的な影響とその具体例

分野	用途	使用例	意義や影響
儒教	君子無敵，玉不去身	孔子が弟子に対して玉のような品格を持つよう教えた	「君子」は中国文化においても高い道徳的，社会的価値を持つとされている。
仏教	玉製仏像	中国の寺院において玉製の如来像が祀られている	中国の仏教文化においても，玉は純粋さと尊厳を象徴し，信仰の対象とされている。
道教	玉清，上清	中国の道教寺院で玉清の儀式が行われる	中国道教においては，玉清は最も高い天界を意味し，修行者による真理の追求に関連している。
医学	玉石治療	中国伝統医学において玉の石を用いた治療が行われる	玉は中国伝統医学で「気」の流れを整える力があるとされている。
美容	玉ローラー	中国で古くから用いられる玉製の美容ローラー	玉製のローラーは顔の血行を促進し，中国美容文化において肌を健康に保つツールとされている。
経済	玉取引	古代中国での玉の取引	玉は貴重な資源とされ，中国経済においても交易品，貴重品として重要な位置を占めている。
政治	玉璽	秦始皇帝が作らせた玉璽	玉璽は中国の皇帝が持つべき権威の象徴であり，統治の正当性を示すアイテムとされている。
建築	玉庭園	中国の皇宮や庭園で見られる玉の装飾	玉は豪華で高貴な材料とされ，皇宮や寺院などの建築において重要な装飾素材である。
芸術	玉雕	中国の博物館で展示されている玉雕	玉の芸術品は中国文化において高い評価を受けており，時には国宝とされている。

出所：筆者作成

く儒教の影響を受けている韓国や日本でも，玉を贈り物として選ぶ場合が多い。これは，玉が持つとされる美徳や高貴さが尊重されているからである。

　仏教と道教でも玉は特別な位置を占めている。仏教では玉製の仏像がよく用いられるが，これは玉が持つ純粋さや尊厳さが，仏像に託される神聖な意味合いと一致しているからである。特に，仏教が盛んな国では，玉製の仏像は信仰心を形象化した美術品として扱われることが多い。道教では，「玉清」や「上清」といった用語が散見される。玉が持つ「清浄なエネルギー」が高く評価されている。具体例としては，中国の道教寺院でよく見られる玉製の装飾や什器があり，これらは神聖視された場所での儀式や瞑想に使われている。また，道教の修行者たちは，玉を身に着けることで気（エネルギー）の流れが良くなると信じている。

　また，医学分野では，中国の伝統医学では玉石療法があり，玉は「気」（エネルギー）の流れを整える力があると信じられている。特に玉製のローラーは血行を促進し，肌の健康に保つ機能があるとされている。経済面では，玉は歴史を通じて高い価格で取引され，玉の価値が高く評価されている。政治面で見ても，玉璽は皇帝が持つべき権威の象徴であり，統治の正当性を示すアイテムとされている。そのほか，玉は王族や高官によって用いられることが多く，その社会的地位を示す象徴となっていた。そして，建築や芸術においても，玉は豪華で高貴な素材として欠かせない存在であった。

　このように，玉は中国の伝統文化において多面的な影響を持つ象徴として，文化，宗教，哲学，医学，さらには社会制度にまでその影響力を浸透しながら，中国の伝統文化の複雑さと豊かさを表現し，且つ非常に広範で多層的な役割を果たし続けてきた。

3．「玉」から宝飾文化へ

　一方，玉はその希少価値と，玉が持つ独特の質感と美しい光沢から，装飾用としても高く評価されていた。特に玉製の指輪やネックレス，ブレスレットなどは女性や王族，高官に好まれていた。これらの装飾品は，身に着けることで

持ち主の社会的地位や富を示すとともに，美的価値も高く評価される。玉の装飾品はまた，特定の意味や象徴を持つ場合も多かった。例えば，玉製の龍や鳳凰の形をした装飾品は，力や権威，繁栄を象徴するものとされていた。玉の装飾品は，薬用や気功の道具としても利用されていた。それは，玉には身体に良い影響を与えると広く信じられていた。そのほかには，玉製の動物像や神話上の生物など，多くの象徴的な形態が存在していた。例えば，龍や鳳凰の形をした装飾品は，力や権威を象徴するものとされていた。また，これらの装飾品はしばしば墓にも納められ，死後の世界で故人を守る力があると信じられていた。

なかでも，中世における貿易ルートの拡大は異なる地域から多くの宝石を流通させたことにより，玉の装飾品の価値を一層高める効果が注目される。海と陸のシルクロードを通じて，中東や南アジア，さらにはアフリカからも様々な宝石が持ち込まれた。このような多様な素材が一堂に会することで，玉の装飾品の製作技術も大幅に進展させていた[3]。つまり，異なる種類の宝石が流通するようになったことで，職人たちはそのなかから特定の宝石を選び出し，玉と組み合わせる新たな可能性を探求することが可能になったのである。例えば，サファイアはその硬度と美しい青色で知られており，この特性を活かして玉と組み合わせた製品は高く評価されていた。

この時期，玉が平和や純粋を象徴する一方で，他の宝石もまた独自の象徴性を持っていた。例えば，ルビーは情熱や力，サファイアは知性や高貴，エメラルドは新生や希望を象徴していた。そして，これらの宝石が一つの作品に組み合わされることで，その作品は単なる装飾品以上の価値を持ち，多層的な意味と美を宿していた。例えば，玉とルビーが組み合わされた場合，その作品は平和と力，純粋と情熱といった対立するような価値観も包括的に表現されることが多かった。このような多元性は，作品に対する人々の認識を豊かにし，より深いレベルでの鑑賞が可能にした。

また，当時の職人たちは，玉と他の宝石を組み合わせることで，新しいデザインや形状に挑戦し始めた。例えば，玉とルビーを一緒に使った指輪の場合，玉が大きな面積を占め，その周りは小さなルビーで取り囲むデザインが斬新で

あった。このデザインは，玉が持つ平和と純粋さ，ルビーが持つ情熱と力を一つの作品で共存させることで意味があった。また，エメラルドを用いた作品も多く見られた。特に玉とエメラルドを組み合わせたネックレスは，玉の平和なイメージとエメラルドの豊かな緑が見事に調和し，人気を博した。

　デザインの革新は単なる形状の変更にとどまらず，異なる種類の宝石が共存することで生まれる独自のテクスチャーや質感にも及んだ。実際，それぞれの宝石の物理的性質，光の屈折率，硬度，色彩などが組み合わさることで，まったく新しい視覚的効果や芸術的価値を生み出した。デザイン面でのこのような多様性と革新は，当時の文化や科学，さらには哲学にも影響を与えていた。それは，物事の多面性や相対性を理解し，美しい形を具現化するという時代精神を反映していたともいえる。

　玉と他の宝石との結合は，中国の宗教や哲学においても見受けられた。特に仏教の寺院では，玉と他の宝石を組み合わせた仏像がしばしば作られた。これらの仏像は，玉が持つ平和や純粋さを様々な宝石と組み合わせることで，その教えを多角的に解釈する新しい方法が生まれた。例えば，サファイアは仏教において，智慧や悟りを象徴しているとされている。玉とサファイアが組み合わされた仏像は，平和と智慧が一体となった完璧な悟りを象徴する作品とされた。このような象徴性は，信者にとって非常に重要な意味を持ち，瞑想や祈りの際により深い精神的な経験を促す効果があった。また，宗教的な文脈では，玉と他の宝石の組み合わせは，神秘主義や象徴主義においても価値が高かった。神話や聖典で語られる多くの寓意や象徴は，実際の宗教儀式や寺院の美術作品に反映されていた。つまり，このような作品は，教義を単なるテキスト以上のものとして理解する手がかりとして，信者や学者による深い研究や解釈が行われていた。

　このように，中世における玉と他の宝石の結合は，玉を単なる美術品や装飾品以上の価値を生み出し，多層的な意義を有するようになった。その背景には，中国の文化，宗教，哲学などが玉に深い影響を受けており，各作品はそれぞれ独自の美と意義を持ち合わせていた。道教や儒教といった宗教や哲学が玉に特

有の象徴性を付与し，それが美術作品や装飾品に取り入れられた。「君子無敵，玉不去身」と称されるように，玉は高潔な品格や美徳を象徴していた。そして，これらの哲学的，宗教的背景が玉や各種の宝石に独自の意義を与え，それが組み合わされることで一つの作品が生まれるとともに，その多層的な美と意義が際立ち，中国の宝飾文化を古代から今日まで綿々と伝わる効果となっていた。

第2節　進化し続ける宝飾文化

　古代の玉や玉器は多様な形態と用途で広く用いられ，その存在と使用は当時の文化や宗教，社会制度に大きな影響を残したことは既述のとおりである。特に，中世における貿易ルートの拡大により，中東や南アジア，アフリカなどから持ち込まれた様々な宝石が玉との組み合わせにより，中国の宝飾文化に新たな可能性をもたらし，今日までその精髄を中国の社会に定着させ続けている。

1．進化し続ける玉の機能

　玉が持つその多面性から，今日，宝飾文化における玉の機能は，装飾としての機能，社会・文化的機能，経済的機能といった機能まで進化し続けている。

（1）　装飾としての機能

　宝飾品といえば，多くの人々がその美しさや豪華さに心を奪われるものであるが，その中でも玉は特別な位置を占めている。玉はその自然な美しさによって，古来より多くの文化で高く評価されてきた。また，この自然界から産出される素材は，研磨や加工によって，さらなる美を放つことができる。特に加工技術の進化は，玉が持つ美しさと豪華さを一層引き立てられる。加えて，細かな彫刻によって，玉に独自の模様やテクスチャーが追加される。これによって，玉は単なる石から芸術品へと昇華されていく。

　また，玉と他の宝石や金属が組み合わされることにより，その美はさらなる次元に引き上げられる。玉と金，またはプラチナ，ダイヤモンドなどとの組み合わせによってその相乗効果が際立つ。例えば，ダイヤモンドが持つ明るさと

玉が持つ落ち着きが組み合わさることで，互いの美点が際立つ。これにより，
宝石が単体で放つ美よりも，より高度な美が創出される。

このように，玉が装飾品として，身につける人の美を引き立てるだけでなく，
その存在自体が持つ独特の美と，他の素材との組み合わせによって生じる新た
な美を両立させる効果がある。つまり，この多層的な美の追求は，玉が多くの
人々に愛され続ける理由の一つといえる。さらに，玉の美は，インテリアや建
築においてもその価値を示している。豪華な宮殿や高級ホテルでよく見られる
玉の装飾は，その空間全体の美と豪華さを際立たせている。

(2) 社会・文化的な機能

社会・文化的な機能について議論する際に，玉が果たす多面的な役割を理解
することは重要である。その背景には，玉が持つ独自の象徴的および文化的な
価値を有しているからである。祭りや儀式といった社会的なイベントでは，玉
は特に顕著な役割を果たしている。旧正月や，その他の重要な年中行事では，
玉製のアクセサリー，あるいは装飾品はしばしば登場する。これらは，家庭の
繁栄や健康，幸運を願って用いられることが多い。結婚式においても，玉は欠
かせないアイテムである。特に，玉の指輪は新しい生活を始める二人の永遠の
愛と結束の象徴として交換される。また，玉のブレスレットや玉のペンダント
が新婚夫婦に贈られる。これは繁栄と永遠の愛を願う象徴とされている。そし
て，玉は個人の社会的ステータスやアイデンティティを形成するうえでも影響
を持っている。玉の持つ美と希少性は，社会的なステータスを高める手段とも
なり得る。特に成功したビジネスパーソンや役人が公の場で玉の装飾品を着用
することで，その社会的地位や権威が象徴される場合がある。

このように，玉は装飾としての美しさや豪華さだけでなく，人々の信仰，伝
統，社会構造に深く関わっている。総じて，玉が持つこれらの多面的な価値は，
それ自体が一種の文化財であり，人々の生活や価値観に多大な影響を与え続け
ているといえる。

(3) 経済的な機能

経済的な機能においても，玉はその重要性を示している。投資対象としての玉は，その稀少性と美しさから高い認知度を得られ，多くの投資家が玉に投資することで将来的な資産価値の増加を見込んでいる。中国は世界有数の玉の取引市場として，玉に対する需要が高く，希少な種類の玉は高額で取引されることが少なくない。その他にも採掘から研磨，設計，販売に至るまでの一連の玉関連の産業は，多くの人々に雇用を提供し，地域経済の活性化に影響を及ぼしている。

また，玉は美術の世界においても重要な地位を占めている。中国の主要な博物館では，玉の歴史的な美術品が常設で展示されており，その高度な技術と芸術性が高く評価されている。そして，健康と美容の産業においても玉は新たな利用方法を見つけている。近年では，玉のローラーや玉製の顔面マスクなどが，特に女性に人気がある。その理由は，玉が持つ独特の温度調整能力や各種微量元素が，肌の健康や美容に良い影響を与えると信じられているからである。さらに，玉産業は多くの副産物を生む。玉を研磨する過程で出る玉の粉は，化粧品や健康食品，医薬品にも用いられている。

概して，玉が持つ独特の魅力と機能は，その歴史的背景と現代社会での需要によって形成されており，今後も社会，文化，経済，さらには環境に至るまで，その多面的な価値が高まっていく可能性がある。なかでも，環境意識の高まりは，玉の持続可能性や天然の美しさが新たな価値として注目されている。また，玉が持つ「精神性」も将来においては大きな価値となる可能性がある。ストレス社会が進むなかで，玉がもつリラクゼーションや癒しの効果，あるいは精神的な安定感は，新たな健康・ウェルネス市場を切り開くことが期待される。加えて，グローバルな視野で見ると，中国以外の地域での玉の認知度や評価も高まる可能性がある。これまで玉は主に中国や東アジアでその価値が認められてきたが，グローバル化の波のなか，西洋諸国や他の文化圏でも玉の美しさや多面性が再評価されつつある。これは，玉から生まれた中国の宝飾文化が一層注目される効果となるだろう。

2. 現代中国社会における宝飾文化

　上述のように，玉は中国人の日常生活や現代文化に重要な存在となり続けている。これらの影響は，ファッション業界にも及ぼし，多くのデザイナーが玉を使用したアクセサリーや衣服を製作し，SNSを通じて若い世代に広がっている。また，高級ブランドの世界では，カルティエや，ティファニー，ブルガリなどの宝石は，特に中国の消費者に人気があり，これらの宝石を所有することはステータスシンボルと考えられている。

　消費者の人気を背景に，これらのブランドは，特定のコレクションや限定品を発売し，消費者の関心を引き，ブランドへの忠誠度を高めることで，市場での優位性を保持していることがある。また，セレブリティや影響力のある人々がこれらの高級ブランドの製品を愛用していることも，一般消費者に対するブランドイメージを高めている。その結果，高級ブランドの宝飾品は「高級でステータスの高いもの」と広く認識されるようになっている。

　そして，このような高級ブランドの影響力は，宝飾品市場における消費者の購買行動，社会文化，さらには市場全体の動向にまで及んでいる。とりわけ，玉がファッションの一部として，特に若者たちの間で玉を用いたアクセサリーが流行し，その美しさや希少性，さらには象徴する意味として，多くの人々が玉をスタイルや個性の表現手段として用いている。加えて，SNSやファッション誌，セレブリティの影響もあって，若者たちの間での玉ブームを加速させている。

　このように，玉が持つ社会的ステータスは平和や健康，心の安らぎの象徴という多面性を通して，社会全体にその価値が共有され続けている。高級ブランドの影響やファッションとしての玉，そして社会的ステータスとしての玉は，それぞれが現代社会で特有の役割を果たし続けている。これらを総合的に考察することで，現代社会における宝飾文化の多面性と深さを改めて理解し，再評価する契機にもなるだろう。

第3節　伝統文化の再評価と新たな消費トレンドの創出

　経済的なゆとりとともに，人間は，精神性や文化的アイデンティティへの関心が高まっていく。そのため，品質やデザインの優れた商品を求めると同時に，それが彼らの文化的ルーツとどのように結びついているかを重視するようになる。これは，グローバル化が進む中で自国文化のポジションを再確認し，国際的な場においてその独自性を主張する動きとも関連している。

1．欲求段階説から見た伝統文化の再評価

　近年，中国社会において，特に若者を中心に伝統文化を再評価する動きが活発化している。ただ，この伝統文化の再評価は，単なる過去への憧憬や古風なトレンドの復活ではなく，「人間は自己実現に向かって絶えず成長する生き物である」という考え方が根底にある。マズローの欲求5段階説に従えば，人間の欲求は「生理的欲求」「安全欲求」「社会的欲求」「承認欲求」「自己実現欲求」という5つの階層に分けられ，最下層の「生理的欲求」が満たされることで，次の高次元の欲求が現れるという法則である[4]。80年代以降，中国経済の加速度的な成長は，国民の生活を根底から変え，マズローの欲求5段階に照らして見ると，その変化は顕著である。

　まず，初歩的な「生理的欲求」の充足は，経済発展の初期段階において，食料の安定供給，住宅の向上，健康へのアクセスの改善などの形で現れる。これらは人々が最も基本的な生存の保証を得たことを意味する。次に「安全欲求」が注目される。経済的安定が社会的安全をもたらし，雇用の機会が増加し，人々の生活に対する予測可能性が高まっていく。また，社会保障制度の強化や，失業保険，養老保険の普及および金融制度の発展により，多くの中国人が貯蓄や投資を行い，将来への安心感を得るようになる。さらに，所属と愛といった「社会的欲求」が満たされることも重要である。家族や地域社会への絆は中国文化において常に重要であったが，経済の発展は都市化を促進し，新たな社会的ネットワークの形成を可能にした。特にインターネットの普及は，遠方にい

る家族とのコミュニケーションを容易にし，新しい社会的関係の構築を支援している。また，「承認欲求」へのシフトは，教育とキャリアの分野で顕著である。より良い教育を受けること，そして，それを基盤として社会で尊敬されるポジションを獲得することへの志向が，中国人にとって重要な目標となっている。高等教育の普及率の増加，専門的な資格を持つ人々の増加は，こうした欲求がどのように満たされているかを示している。そして，経済成長に伴い，文化芸術，学術研究，技術革新など，多様な分野での専門職への敬意が高まっている。最後に，「自己実現欲求」は，経済的豊かさが個人の内面的成長，個性の表現，自分らしさを追求する機会を与えたことで，特に若い世代の間で高まっている。これは，自分のルーツへの理解を深め，それを現代的なアイデンティティと統合しようとする動きとして現れている。

　欲求の各段階への進化に伴って，中国社会における伝統文化への関心の復活も次第に活発化され，経済活動や消費者行動，社会文化・生活などの各分野にその欲求の具現化が現れている。経済的視点からは，中国製品の高級化傾向や国際市場への影響力の拡大などが，自己実現の欲求の充足品質な製品を提供することによって，国産ブランドの価値を高め，国民の自尊心を育てている。

　消費者行動の面では，高まった文化的自己実現の欲求が，より個性化された商品やサービスへの需要増加を促している。個人の趣味や興味に合わせてカスタマイズされた製品は，多くの業界で成功を収めている。例えば，個人の名前や好みに合わせてカスタマイズできるスマートフォンケースや，伝統的な中国茶を現代的なテイストで提供するカフェなどがその好例である。この傾向は，特に都市部中間層以上の消費者の間に顕著に現れている。彼らは品質と文化的価値を重んじ，高級ブランドやオーガニック製品，伝統工芸品など，環境に優しく，かつ文化的アイデンティティを象徴するような商品の消費が増えている。また，オーダーメイドや限定品，デザイナーによる特別なアイテムの需要は，個人が自己表現を追求する一環として見られる。

　社会文化の視点から見ても，経済発展によって文化的な自信が養われている。多くの中国人は，伝統的な中国文化の価値観を大切にしながらも，同時に現代

的なライフスタイルを享受している。この現象は，伝統工芸品にモダンなデザインを取り入れた商品が人気を博すことから確認される。また，文化的自己実現の欲求は，教育や趣味の分野にも広げられている。より多くの人々が芸術，音楽，書道，語学学習といった活動に時間とお金を投じており，自分自身の内面的充実を求める姿勢を反映している。そのほかに，贅沢品やライフスタイル商品への関心を増加し，豪華な旅行，高級車，ファッション，ガジェットなどの個人の趣向を反映し，社会的地位を象徴するような商品が人気を博している。

上記のような現象は，消費者が伝統文化を再評価する過程で現れたものであり，それは単に量的な拡大を遂げるだけでなく，質的にも多様化し，精緻化していることを示唆している。特に豊かな生活水準を背景に，個人の内面的な価値観やアイデンティティを大切にする社会的風潮と連動している。個人の健康やウェルネスに関する製品やサービスは，生理的欲求を超えた豊かな生活の質を求める人々によって，急速に市場が拡大しており，健康食品，フィットネスクラブ，ヨガスタジオ，瞑想アプリなど，心身の健康を維持し，向上させるための商品やサービスへの投資は，文化的自己実現への道として捉えられている。また，教育やキャリア開発に関するサービスも，自己尊重欲求を満足させるための重要な分野になっている。オンライン教育プラットフォームの利用者数が増え続けている。各種資格，外国語，デザインといった技能の習得が，個人の能力向上だけでなく，社会的な評価を得るための手段として認識されている。

2．新たな消費トレンドの出現

伝統文化への再評価の動きは，新たな消費トレンドを生み出すきっかけにもなる。例えば，オンラインショッピングプラットフォームでは，伝統工芸品から最新の電子機器まで，幅広いニーズに応える商品群が提供されており，消費者が簡単に個性的な商品を見つけて購入できるようになっている。また，文化的な自己実現の追求は，エンターテインメント産業においても顕著な影響を及ぼし，国産映画やドラマ，音楽が国内外で高い評価を受けるようになり，中国独自の文化的アイデンティティを反映したコンテンツが消費者の間で高い人気

を博している。さらに，国際的なブランドとのコラボレーションや，中国の伝統文化を現代的なデザインで表現したファッションアイテムといった文化的な価値と現代性を兼ね備えた製品は，若い世代の魅力となり，彼らは，伝統的な価値観を尊重しながらも，現代的な感覚を取り入れた生活を楽しんでいる。

　このように，中国経済の加速度的な成長は，消費者の欲求水準の変化を促し，より高度な尊敬欲求と文化的自己実現への意欲を高めている。これは，経済発展が文化的自信を養い，伝統と現代の価値観の再評価を求める要請を生み出し，消費者行動に明らかな影響を与えている。この変化を理解し，消費者の深層にある欲求に応えることは時代の要望である。中国市場の未来は，これらの文化的自己実現の欲求を満たす方向で進化を続けていくであろう。特に，グローバル化の流れのなかで，中国伝統文化と西洋文化の融合は消費者行動に顕著な影響を及ぼすことになるだろう。

　この2つの文化の交わりは，ラグジュアリーブランドに対する消費者体験と商品価値の再創造にも重要な役割を果たすことになる。西洋の高級ブランドが中国の市場に参入する際，単に商品を提供するだけでなく，消費者にとって意味のある文化的要素を取り入れることが，価値の創出と向上にとって不可欠である。この融合の最前線は，近年中国で現れた「国潮」ブームがあげられる。「国潮ブーム」とは，近年にZ世代を中心に現れた中国の伝統的な要素を現代のファッションやライフスタイルに取り入れた文化的潮流を指す（※「国潮ブーム」は『第5章「国潮」ブランドとラグジュアリーブランドとの相乗効果』に詳述する）。この「国潮ブーム」のなかで，伝統的な美学を尊重しつつ，現代的なデザインと組み合わせることで，若年層の心を摑む多くの国潮ブランドが生まれ，Z世代の間で大きな話題となっている。これは，彼らが革新的でありながらも文化的なアイデンティティを反映した商品に魅力を感じているからである。

　また，西洋のラグジュアリーブランドが中国特有の祝日やイベントに合わせた限定商品を発売することも，この融合文化の一環である。例えば，中国の旧正月に合わせて特別にデザインされたバッグやアクセサリーは，伝統的な中国の象徴や色彩を取り入れつつ，ブランド独自の洗練されたスタイルを保持して

いる。これにより，ブランドは消費者との文化的なつながりを強化し，その結果，消費者のブランドへの忠誠心を高めている。

そして，このような取り組みは，消費者が自身の文化的アイデンティティを再発見し，現代のライフスタイルと融合させる手助けにもなる。同時に，中国の伝統文化と西洋文化の融合が，新たな価値を生み出すプラットフォームにもなっている。この現象は，中国市場だけでなく，グローバルなラグジュアリーブランド市場においても，新たな価値観の形成と消費者層の創出に有効である。つまり，海外の消費者に中国の文化的な魅力と現代トレンドとの融合を提案することにより，新たなラグジュアリー消費のトレンドを形成することが期待される。さらに，この文化的融合はグローバル化が進むなかで，異文化間の理解と交流を促進するにも重要な役割を果たすことになるだろう。

注
1) 周中栋・海慈著『中国玉文化读本』p.2 を参照。
2) 古代中国の経書，五経の一つ。周末から秦，漢にかけて諸儒の古礼に関する諸説を整理編集した。
3) Wen, G., & Jing, Z. (1992). "Chinese Neolithic jade: A preliminary geoarchaeological study," *Geoarchaeology*, 7(3), 251-275. を参照。
4) Maslow, A. H. (1943). "A theory of human motivation," *Psychological Review*, 50(4), 370-396. を参照。

第4章 中産階級の拡大とラグジュアリー消費文化の受容

　ラグジュアリー消費文化は，一般的に高級品や贅沢な生活スタイルを享受する文化とされる。近年，経済成長に伴った国民所得の増加は，消費者の価値観やライフスタイルにもその影響を及ぼし，中産階級におけるラグジュアリー消費文化の定着に寄与している。そのなか，「名品消費」という言葉が生まれるように，ラグジュアリーは消費者の社会的ステータスのアピールに活用されている。また，ラグジュアリーが持つ精緻な職人技と歴史から体現される文化的価値は，消費者がその製品の「物語性」や「芸術性」を重視している。その過程において，消費者が何を大切にすべきか，どうやって自分を演出するのかといった個人の価値観および，アイデンティティの形成にも寄与している。つまり，ラグジュアリーが持つ多様な側面は相互に影響を与え合いながら，消費者の体験を豊かにし，中国社会にラグジュアリー消費文化を定着していく。

　本章は，このラグジュアリーが持つ多面性と相互影響の可能性を，所得増加に伴う中産階級の拡大と，中産階級主導の消費拡大，そしてラグジュアリー消費を支える各世代の特徴などの考察を通して，中国におけるラグジュアリー消費文化の受容過程を明らかにする。

第1節　中産階級の増加に伴う消費行動の変化

　中国経済をめぐる変化は，個人所得の拡大から始まった。また，所得増加は高級消費財に対する需要増をもたらし，特に高級車や高級ブランド品，高級マンションなどへの消費や投資増が現れている。中国の経済成長が今後も持続すると仮定するならば，ラグジュアリーへの消費需要はさらに増加し，グローバル経済にも様々な形で影響を及ぼすことになるだろう。

1. 所得増加と消費行動の変化

「グローバルウェルスレポート2021年」[1] によると，国民購買力の増加や生活水準の向上に関して，10万ドルから100万ドルの資産を持つ成人の数を各国で比較すると，中国は138,556千人（23.78%）で，世界最多であった。2位のアメリカ91,089千人（15.63%），3位の日本55,488千人（9.52%），そして，それに続くのはドイツ27,104千人（4.65%），フランス26,622千人（4.57%），イギリス26,025千人（4.47%），イタリア25,582千人（4.39%）であった（図表4-1）。他の先進国と比較して，中国は断然トップの数値になっており，中産階級の急増が他の国々と比較して顕著であることがうかがえる。また，同レポートでは，億万長者の増加は中国における中産階級の台頭につながり，特に成人一人当たりの富は年平均で14.5%のペースで増加し続け，2021年末には76,639米ドルに達したという。

このような国民所得水準の向上は，80年代以降の「改革・開放」政策がきっかけである。政策を導入してから今日までの40年数年の期間中，中国国民

図表4-1　2021年10万ドルから100万ドルの資産を持つ各国の成人数とその比率

国・地域	人数（千人）	比率（%）
中国	138,556	23.78
アメリカ	91,089	15.63
日本	55,488	9.52
ドイツ	27,104	4.65
フランス	26,622	4.57
イギリス	26,025	4.47
イタリア	25,582	4.39
韓国	18,870	3.24
スペイン	18,379	3.15
インド	15,010	2.58
カナダ	14,552	2.50
オーストラリア	11,495	1.97
台湾	8,727	1.50
世界	582,766	100

出所：Credit Suisse (2021).「Global Wealth Report 2021」より

一人当たり GDP の推移は，1982年の一人当たり GDP 263.3元から，2022年には10,220.87元まで上昇し，40年で38.8倍という驚異の増加率を見せた[2]。つまり，中国経済の持続的な成長は，一部の富裕層だけにとどまらず，国民一人ひとりまでにその恩恵が広がっていることがわかる。

また，この事実は，都市部と農村部住民一人当たり可処分所得の推移からも確認される。2021年に発表された第7回国勢調査によると，2020年末の中国の総人口は14億1,178万人のうち，都市部では9億199万人，全体の63.9％を占める一方で，農村部では5億979万人，同36.1％であった[3]。都市部の人口が農村部を大きく上回り，経済成長は中国社会が本格的な都市化の時代をもたらすと同時に，高級消費財の消費拡大の可能性を裏付ける事実となる。一方の都市部と農村部住民一人当たり可処分所得の推移では，2010年から2021年の期間中に，都市部では32,132元から81,518元に上昇し，同期間の2.5倍の増加に対して，農村部では12,368元から33,308元に，同2.7倍の増加であった[4]。

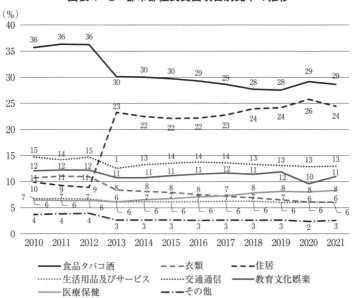

図表4-2　都市部住民支出項目別比率の推移

出所：『中国統計年鑑』各年版より作成

都市部と農村部の格差は依然として存在している事実から，中国におけるラグジュアリーの消費拡大は，可処分所得の高い都市部住民が牽引していると推測される。

　所得の増加は国民の消費行動の変化をもたらす。都市部住民支出項目別比率の推移（図表4-2）を見た場合，国民所得の向上は，国民の生活水準の向上や都市化の進行，教育や医療の普及など，様々な分野での変化をもたらしている。なかでも，食品たばこ酒などの必需品に対する消費支出は依然としてトップ支出項目であるが，その比率は2010年の36％から，2021年の29％に減少した。それに対して，第2位の住宅への支出は，2012年には9％であったものが，翌年には23％に急上昇した。その後も20％台で維持し，2021年の24％に落ち着いている。この事実から，所得の上昇から生まれた消費支出の変化は，必需品の食料等への支出比率の低下と，住宅内装や高級家具などの奢侈品への支出増という，マズローの欲求段階説が証明される。所得の増加に伴った高級消費財への消費需要増が中国社会に根付きつつあるといえる。

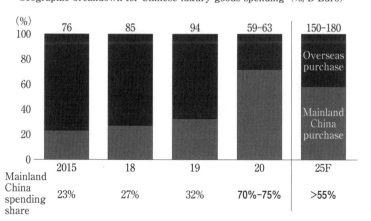

図表4-3　ラグジュアリー消費に占める中国市場シェアの推移
Geographic breakdown for Chinese luxury goods spending（％, B Euro）

出所：Bain-Altagamma 2020 Worldwide Luxury Markert Monitor, Bain Analysis
　　　(https://www.alizila.com/report-mainland-china-set-to-become-worlds-largest-personal-luxury-market-by-2025/) より

高級消費財への需要増は，ラグジュアリー市場規模の拡大からも確認される。図表4-3はベイン・アンド・カンパニーとアリババの共同調査レポート（2021年）であるが，同調査結果では，2015年全世界ラグジュアリー消費に占める中国市場のシェアは23％であったものが，2018年以降急速に拡大し続け，新型コロナウイルス世界規模流行が始まった2020年には一時7割を超えるまで成長し，そして，2025年には5割超という世界最大のラグジュアリーブランド消費国になると予測されている。

　このように，中国における高級品市場規模の拡大は，国内外のブランド企業に様々な機会を提供し，独自のマーケティング戦略と高品質な製品を通じて消費者との価値共創による市場拡大の可能性を秘めている。また，中国市場におけるラグジュアリー消費の拡大は，今後も引き続き世界のラグジュアリー市場の発展を牽引していく役割を担うと予想される。

2.　消費行動の変化要因

　上述のラグジュアリー消費規模の拡大は，中産階級の増加に伴った新しいライフスタイルや価値観の形成に寄与し，高級消費財やサービスへの需要がさらなる増加をもたらしている。特に最新の電子製品やファッション，高品質の食品など，日常生活の様々な面での消費拡大が期待される。また，教育や健康，レクリエーションといった非物質的な生活の質の向上効果も伴う。そして，より良い教育機関へのアクセスや，海外での休暇，文化活動やスポーツなどへの支出も増えている。

　これらの変化をもたらす要因は，中国をめぐる内外の経済環境の変化や，技術の進歩などによるところが大きい。まず，国内の経済環境の変化に関しては，既述のように，GDP成長率や国民一人当たり可処分所得の確実な増加という事実がある。この所得の向上は，都市部を中心に中産階級が形成され，消費需要をリードする新たな主役として登場している。また，中産階級の拡大とともに，消費の質も変化しつつある。これまで生活必需品などが主流消費であったが，今や高級品や国際的な有名ブランドへとシフトしてきている。特に，高級

バッグや時計，そして高級車などの高級消費財が都市部の若者たちの間で人気を集めている。このような消費行動の背後には，経済発展への安心感や，国際的な価値観の受け入れなどがある。また，これらの消費の変化は，消費者の価値観やライフスタイルの変化をもたらし，単なる物の所有から，そのブランドや商品が持つ価値やステータスを重視し，高級ブランドを自分のステータスシンボルにしようとする現象が現れている。

　テクノロジーの発展も消費者のライフスタイルに多大な変化を与えている。インターネットとスマートフォンの普及は，日常のありとあらゆる面においてそれらの機能の活用が可能になる。なかでも，消費者の購買行動への影響で特筆すべき点はEコマースである。オンラインショッピングは，実店舗を訪れることなく，世界中の商品を簡単に購入することができる。これにSNSの効果も加えられ，消費者がSNS上での口コミやレビュー，そして有名人やインフルエンサーによる商品紹介などの情報を活用しながら，各種の商品を購入している。特にAR（拡張現実）やVR（仮想現実）などの技術の進化は，消費者が店舗に行くことなく，商品を試着し，商品の使用感を体験することができるため，消費者のショッピング体験を一新している。また，AI技術の発展により，消費者の購買履歴や検索履歴をもとに，個々の消費者に合わせた商品のレコメンデーションが行われ，これにより，消費者は自分の好みやニーズに合った商品を簡単に見つけ出し，消費者の購入意欲を刺激する効果をもたらしている。

　そして，グローバル化の進展も消費者の行動や嗜好に変化を及ぼしている。海外旅行や留学の増加により，多くの若者が海外の文化やライフスタイルを直接体験する機会が増え，これにより，国際的な価値観やライフスタイルの影響を受けやすくなってきている。特に若い世代の消費者は，海外の最新のトレンドや文化に非常に敏感で，彼らは欧米発の高級ブランドやデザインを好む傾向が強く，映画や音楽，スポーツなどのエンターテインメント分野でも国際的なトレンドや文化の影響が大きい。その影響はファッションやライフスタイルに現れてきている。

　さらに，従来と異なる価値観やライフスタイルを持つミレニアル世代やZ

世代の消費動向も注目される。彼らは，グローバル化の時代とともに成長し，多様な価値観や文化に触れる環境があったため，より広い視野を持っている。そのため，特に環境問題に対する意識が高く，サステナビリティやエシカルな消費の重要性に理解を示している。これは，彼らが自身の消費行動を通して社会的な価値を創出しようとする動きとなり，エコロジー製品やフェアトレード製品，そして再利用可能な製品への需要増加を通して具現化している。

　このような消費動向の変化は，経済的，社会的，文化的な側面など，すべてにわたってその影響を受け入れ，反映した結果である。そして，このような変化から，消費者の購買力と選択の幅をさらに広げられるという進化と多様化が予想される。特にデジタル化とグローバル化のトレンドが進むなか，ＥコマースやAI技術の活用は，オムニチャネルな購買体験やパーソナライズされた消費が普及する可能性が高い。また，若い世代が国際的な視野を持ち，異文化との交流を重視することから，グローバルブランドとの協業や海外市場への進出の動きも活発化する可能性がある。総じて，今後の中国の消費市場は多様性，革新性，そして持続可能性をキーワードとして，新たな価値創造のフロンティアとなることが期待される。

第2節　ラグジュアリー消費を牽引する都市部の動向

　上述してきたように，数十年にわたる経済の躍進は，中国に中産階級の拡大と消費構造の高度化と多様化をもたらし，高級品市場における需要拡大が顕著に現れている。なかでも，都市部住民はラグジュアリー消費を牽引する原動力になっている。

　中国の大手メディアである「第一財経」が全国の337都市を対象とし，それぞれの都市の商業的魅力度を一線から五線にし，各都市に存在する国際ブランドの数や，人口の流入量，そしてコンビニエンスストアの数などの計74の指標をもとに分類した。そのうち，「一線都市」は4都市，「新一線都市」は15都市，「二線都市」は30都市，「三線都市」は70都市，「四線都市」は90都市，「五線都市」は128都市という6段階に分けられている[5]。

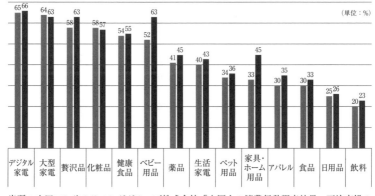

図表4-4 中国一二線都市と下沈市場の購入前の調査傾向

出所：山田コンサルティンググループ株式会社「中国人の消費行動調査結果～下沈市場の特徴と消費行動特性～」(https://www.ycg-advisory.jp/learning/oversea_171/ 2024年2月5日閲覧) より

　実際に一から二線都市と「下沈市場」の消費者が購入したい商品の調査では，特にデジタル家電，大型家電，贅沢品，化粧品，健康食品などがベスト5を占めているが，贅沢品，ベビー用品，家具・ホーム用品などにおいて，一から二線都市よりも下沈市場のほうが高い購買意欲を示していることがわかる (図表4-4)。これは，中国市場をターゲットとするラグジュアリーブランド企業にとって，中国の経済成長における都市間での消費の違いを理解し，それを最大限に活用するための有力な指標になるだろう。

　また，中国対外経済貿易大学が実施した「中国奢侈品消　行動報告2022」[6] によれば，都市部別の奢侈品 (ラグジュアリーブランド) の購入に関して，発展レベルが高くなるにつれ，オンライン情報に接する比率が高くなる傾向があるが，実際に購入する場合，実店舗での購入比率は，発展が遅れている都市のほうが高くなる傾向を示す。例えば，都市別商品情報入手ルート (図表4-5) をオンラインでみた場合，「一線都市」が23.2％，「新一線都市」が21.2％，「二線都市」が14.8％，「三線およびそれ以外の都市」が17.3％である。都市部の発展レベルが高くなるにつれ，オンライン情報に接する比率が高くなる傾向を示している。

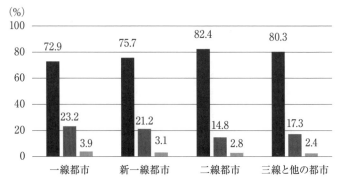

図表 4-5　都市別商品情報入手ルート

出所：対外経済貿易大学中国奢侈品研究中心（2022）「报告发布 | 中国奢侈品消費行为报告2022——线上线下融合背景下的中国奢侈品市场发展」より

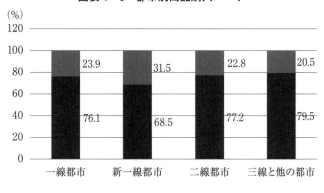

図表 4-6　都市別商品購入ルート

出所：図表 4-5 と同じ

　しかし，これは都市別商品購入ルート（図表 4-6）でみると，実店舗での購入比率は，「一線都市」が76.1％，「新一線都市」が68.5％，「二線都市」が77.2％，「三線およびそれ以外の都市」が79.5％で，軒並みに高い比率を示しているなか，発展が遅れている「三線およびそれ以外の都市」が最も高い比率を見せている。

このようなオンラインでの利用比率が高い都市は，インターネットやスマートフォンなどが日常生活に欠かせないものとして位置づけられている可能性が高い。しかし，どの都市においても，オフラインでの購入が依然として主流であることは，ラグジュアリーブランドの購入は商品を直接手に取り，質感やデザインを実際に確かめたいという消費者のブランド体験の心理が強く現れているといえる。特に発展が遅れている「三線およびそれ以外の都市」において，日常生活にラグジュアリーブランドに接する機会が相対的に少ないため，購入する場合，直接実店舗で確認してから購入につながる可能性が高くなる。

第3節　各世代のラグジュアリー消費の特徴

ラグジュアリーブランド市場を持続的に発展させるには，異なる世代の消費者のニーズと特徴を理解することは不可欠である。中国におけるラグジュアリーブランドの消費層を世代別でみると，主としてX世代（1965年～1980年生まれ），ミレニアル世代（1981年～1996年生まれ），Z世代（1990年代半ば～2009年生まれ）が主力消費層になる。

各世代のラグジュアリー消費の特徴を見る場合，以下のようにまとめられる。まず，X世代は，中国経済が本格的に発展しだす「改革・開放」の前に生まれ，成長とともに豊かさを享受してきた世代ではあるが，過去の時代を実体験した世代であるため，ラグジュアリー消費文化が完全に浸透していない層であるといえる。一方，「改革・開放」以降で生まれたミレニアル世代やZ世代は経済成長に伴った所得向上の恩恵を受けた世代である。なかでも，年齢や社会的立場から，ミレニアル世代は経済的余裕のある世代といえる。それゆえ，ミレニアル世代はラグジュアリー消費文化を率先して受け入れた消費層として，中国におけるラグジュアリーブランドの消費をリードしている。また，Z世代は豊かな時代に生まれ，ラグジュアリー消費文化が日常生活に溶け込み，ラグジュアリー消費への関心度も高い世代であるが，ミレニアル世代に比べると，経済的余裕がまだ充分でない特徴がある。

これらの傾向は，前述の中国対外経済貿易大学の調査からも確認できる。世

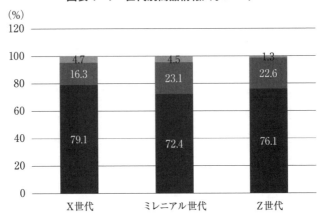

図表 4-7　世代別商品情報入手ルート

出所：図表4-5と同じ

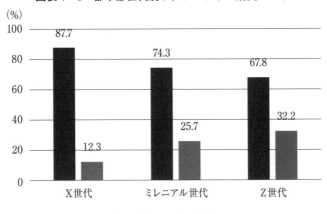

図表 4-8　都市部世代別ラグジュアリー購買ルート

出所：図表4-5と同じ

　代別商品情報入手ルート（図表4-7）を見ると，X世代，ミレニアル世代，およびZ世代の3世代ともオンラインとオフラインの両方を利用しているが，オンラインに限定すると，X世代は16.3％，ミレニアル世代は23.1％，Z世代は

22.6％をそれぞれ占めている。X世代はオンライン利用率が最も低いのに対して，インターネットとともに成長したミレニアル世代とZ世代は高い利用率を示し，若い世代がより多様な情報アクセス方法を持っていることがわかる。

　ただ，都市部世代別ラグジュアリー購買ルート（図表4-8）を見ると，実店舗での購入を選好する層が圧倒的に高くなる。X世代は87.7％をトップに，ミレニアル世代は74.3％，Z世代は67.8％であり，上の世代であればあるほど，オフラインでの利用率が高くなる傾向が確認される。

　また，ミレニアル世代はラグジュアリー市場における主要な消費者層であり，オンラインとオフラインの双方で消費者の大半を占めていることがわかる。その背景には，ミレニアル世代は，デジタル技術の発展をリアルタイムで経験しながらも，伝統的な消費の価値観を持っており，双方の購買チャネルを有効に活用していることがある。また，ミレニアル世代は商品のコストや品質だけでなく，そのブランドの背後にある物語や文化，持続可能性，そしてブランド全体としての社会的責任を重視する層でもある。これは，彼らが育った社会環境や教育背景，そしてグローバル化が進む中での情報収集の仕方に影響を受けていると考えられる。さらに，ミレニアル世代は，中国の伝統宝飾文化に影響を受けている世代として，中国の伝統要素を取り入れたラグジュアリーブランドに強い関心を持っているといえる。

　Z世代は，特にオンライン消費をリードする層として注目される。これは，Z世代がデジタルネイティブとして成長してきたことが背景にある。オンラインのプラットフォームやSNSの影響を受けやすいこの世代は，新しいブランドやトレンドに敏感で，よりオンラインでの購入を好む傾向がある。その意味から，今後のラグジュアリーブランドの購入において，Z世代がミレニアル世代を超える可能性もあると考えられる。また，Z世代は楽観的で，愛国心が強く，自国発の国潮ブランドにも高い関心を持っているという特徴を有する。

　そして，X世代は，オフライン消費において最も高い割合を示している。これは，X世代がデジタル化の前に成人し，実店舗での購入を重視する環境に慣れているからと考えられる。彼らにとって，ラグジュアリーブランドはステー

図表 4 - 9　各世代のラグジュアリー購入理由

Percentage of response by age group
(%)

ファッションの追求

80

76
68　69

61
51
45　45
40　38

24　22　27
20　19
14
6　9　8

60

40

20

0

Reward for myself／Pursuit of fashion／Uplift of confidence／Identity statement／Gift／Demonstration of social status

自分へのご褒美

■ Gen Z　■ Millennials　■ Elder generations

出所：図表 4 - 3 と同じ

　タスシンボルとしての側面が強く，その選択は自身の社会的地位や価値観を表現する手段となっている。一方の購買力に関して，X 世代は長い人生のキャリアを積んできたため，安定した購買力を持っている。そのため，ラグジュアリーに対する支出も大きく，その消費力は市場において無視ができない存在になっている。

　上記を踏まえて，各世代のラグジュアリー購入理由（図表 4 - 9）を見た場合，それぞれに特徴がより明確に現れる。「自分へのご褒美」「ファッションへの追及」「自信の向上」「アイデンティティステートメント」「ギフト」「社会的ステータスの証明」などの質問に対して，「自分へのご褒美」はミレニアル世代が 76％のトップであり，それに続いたのは X 世代 69％，Z 世代 68％である。金銭的に余裕があるミレニアル世代は自分へのご褒美にラグジュアリーブランドを購入している実態がわかる。ただ，「ファッションへの追及」「自信の向上」はいずれも Z 世代が 61％と 45％の回答率で，他の世代をリードしている。これは年齢的に若い世代が自信と高級ブランドとの積極的な関わりを持ちたいことが示されている。一方の「アイデンティティステートメント」に関しては，X 世代が 27％をトップに，ミレニアル世代が 22％，Z 世代が 24％となり，年配

の世代ほどラグジュアリーを自己のアイデンティティを表現するアイテムとして利用している可能性が高い。

　このように，各世代は体験を重視するラグジュアリー消費が増えていることがわかる。高品質な製品を手に入れることはもちろんのこと，その製品を購入する過程や，それを使用する体験，さらにはその製品が持つ背後のストーリーや意味に対する深い関心が見られる。また，近年では，ミレニアル世代やＺ世代の消費者は，その製品のデザインや品質だけでなく，そのブランドがどのような取り組みをしているのか，例えば環境保護や地域社会への貢献など，様々な側面に関心を持っている傾向もみられる。その背景には，ミレニアル世代とＺ世代の消費者たちは，自分たちの価値観や信念に合致するブランドを選び，そのブランドとの深い関係を築くことを望んでいると考えられる。

注
1)　グローバル・ウェルス・レポート（2022）
　　（https://www.credit-suisse.com/media/assets/apac/docs/jp/pb-research-re-ports/global-wealth-report-2022-jp.pdf　p46　2024 年 2 月 5 日閲覧）を参照
2)　『中国統計年鑑』各年版より
3)　国家統計局『第 7 次全国人口普査公報』2021 年 5 月 11 日を参照
4)　『中国統計年鑑』各年版より
5)　第一財経「2022 新一線城市名単官宣：沈阳跌出，合肥重归新一线！」2022-06-01（https://www.yicai.com/news/101430366.html　2024 年 2 月 5 日閲覧）を参照
6)　対外経済貿易大学「报告发布｜中国奢侈品消费行为报告 2022——线上线下融合背景下的中国奢侈品市场发展」2022-08-22（http://www.luxurychina.org/xw-zx/xzcg/97a43d75d7b14d88b871474dadc086e1.htm　2020 年 2 月 5 日閲覧）を参照

78

第5章 「国潮」ブランドとラグジュアリーブランドとの共存共栄

　近年，ラグジュアリー業界における中国市場の重要性は益々高まっていく。その背後には，中産階級の拡大に伴った高級消費財への需要増大がある。なかでも，Z世代という若い消費層の登場は，企業のブランド戦略やマーケティング戦略に様々な変化をもたらしている。Z世代は，1990年代後半から2000年代前半に生まれ，デジタルとテクノロジーに囲まれて育ったデジタルネイティブ世代として知られている。彼らは，SNSやオンラインプラットフォームを駆使して，日常生活の中での様々な情報を集め，共有している。このような特性を持つ若者は，ブランドとの関わり方や消費行動も従来の世代と大きく異なり，自己表現を重視し，文化的アイデンティティに強い関心を持っている。なかでも，Z世代が自国の文化や歴史に誇りを持ち，それを消費行動に反映させた「国潮」ブームが世間に大きな注目を集めると同時に，「国潮」ブランドといわれる中国生まれのブランドも多数誕生している。このブームに合わせて，企業は中国の文化的要素を取り入れた多種多様な商品やサービスを開発し，市場の潜在力を引き出そうとしている。

　本章は，Z世代主導の「国潮」ブームの誕生と，「国潮」ブームから生まれた国産ブランドの事例，そして，「国潮」ブームとラグジュアリーブランドとの共存共栄の可能性を考察する。

第1節　Z世代主導の「国潮」ブーム

　デジタルネイティブとして育ったZ世代は，自国の文化や歴史に強い誇りを持ち，他の世代と差別化した消費行動をとりたいという特徴がある。これらの特徴を消費トレンドとして反映させたのは「国潮」ブームである。つまり，

「国潮」ブームとは，中国の伝統文化や，無形文化遺産，老舗文化などを現代のトレンドと組み合わせ，そこから生まれた新しいスタイルやアイデンティティを，商品やサービスを通して消費者に提供することにより，新しい消費市場を作り出していることを指す。なかでも，中国の伝統要素を取り入れたアイテムやコンテンツが，中国独自のブランドイメージやアイデンティティを築き，新しいダイナミクスを生み出していることが注目される。

　「国潮」ブームの登場に伴って，業界では，中国の伝統文化要素を取り入れた多種多様なアイテムやサービスの開発に注力し続けている。例えば，中国伝統的な漢服をモダンなデザインでアレンジしたアパレルや，古典文学や歴史をテーマにしたアクセサリーなどがその代表作である。また，特定の伝統的なデザインやモチーフを取り入れたアイテムや，伝統的な祭りや行事に合わせた限定アイテムのリリースなども盛んである。化粧品分野では，中国伝統医学や漢方をもとに開発されたスキンケアやメイクアップのアイテムが注目されている。飲食品分野においては，伝統的な中国茶や料理をモダンなスタイルでアレンジし，新しいブランドやカフェとして登場させている。そのほか，音楽やドラマ，映画の分野でも「国潮」コンテンツが著しい成果を見せている。なかでも，中国の伝統文学や歴史をベースにしたドラマや映画が国外でも高い評価を受けている。そのほか，古代宮廷を舞台にしたドラマや，古代伝説をベースにした映画などは，中国の伝統文化を独自の解釈で再現し，Z世代を中心に多くのファンを魅了させている。さらに，宝飾分野では，中国の伝統的な要素を取り入れたデザインがZ世代からの強い支持を受けている。

　このように，「国潮」ブームは中国の伝統文化，無形文化遺産，老舗文化などを核に，様々な分野での新しいトレンドやスタイルを作り出し，Z世代を中心に国内外の多くの消費者の注目を集めている。このブームが生まれる背景には，何よりも中国の若い消費者が自国の伝統や文化へのリスペクトや，中国オリジナルを求める気持ちが高まってきたことがある。とりわけ，Z世代は新しい情報へのアクセスが得意で，デジタルネイティブとしての個性や独自性にこだわり，自らの価値観やスタイルに合った商品を求めていることが重要である。

また，このブームを支えている要因のなか，Z世代の消費者が得意とするストーリーテリングや情報コンテンツの拡散手法を活用していることも無視できない。彼らは瞬時に変化するトレンドを追いかけるだけでなく，自身がトレンドを生み出す存在にもなっている。例えば，SNS上で共有する情報や日常を捉えた動画などは，数百万回，あるいは数千万回の閲覧数が新しいトレンドの火付け役となっている。

　そして，Z世代が育ってきたデジタル環境に注目したECサイトが展開するデジタルマーケティングの手法も，「国潮」ブームの活発化に貢献している。大手ECサイトのTmallやJDなどは，Z世代の購買行動をデータベース化し，購入履歴や閲覧履歴をもとにAI技術を用いて彼らの最も関心を持ちそうな商品を提示し，それに応じた商品推薦や広告が行われている。

　さらに，Z世代と多くの接点を持つために，ラグジュアリーブランドが展開する企業も中国の伝統や文化を取り入れた商品やマーケティング戦略を展開している。前述した中国の旧正月を祝うために，ルイ・ヴィトンをはじめ，21の高級ブランドがその年の干支をモチーフにしたファッションアイテムのほか，ディオールが中国伝統の紅包（お年玉袋）をデザインした限定商品を発売した事例などが大きな話題となっている[1]。

　このように，Z世代が持つ独自の価値観やニーズは，中国の高級品市場における消費動向を左右するほどの力を発揮している。これは，各ブランドが今後中国市場での成功を目指すには，まずこの世代とのコミュニケーションや，彼らのニーズを深く理解することが不可欠であることを意味する。また，それをもとに新しいブランドストーリーやマーケティング戦略の展開は，競争力を高めるためのカギとなるだろう。なぜなら，Z世代の消費者は，単なる高級品を求めるだけでなく，自らの文化や価値観を反映した商品やサービスを求め，SNSを通じてブランドの評判やトレンドをリアルタイムで共有し合う傾向があるからである。今後，中国のラグジュアリーブランド市場における最大の消費層はZ世代になる可能性が高いとみられるなか，各ブランドはこの新しい世代の価値観やニーズに合った商品やサービスの提供は，中国の高級品市場に

おける競争優位を獲得するための前提条件である。特に中国の伝統文化や価値観を尊重し，それを現代のトレンドと組み合わせることは，ブランドの持続的な成長のカギとなるだろう。

第2節 「国潮」ブームから生まれた国産ブランドの事例

「国潮」ブームが中国全土を席巻しているなかで，数々の国産ブランドが生まれている。これらのブランドは，中国の伝統と現代のデザインを巧みに融合させ，Z世代を中心とする若い消費者の心を摑もうとしている。以下は，その代表的な国産ブランドの事例と，それらがいかにして市場での成功を収めているのかを考察する。

① 「Li-Ning」

国産ブランドの代表格は，まず「Li-Ning（リーニン）」があげられる。同ブランドは，もともとスポーツウェアブランドとしてスタートしたもので，近年の「国潮」ブームを受け，中国の伝統的要素を取り入れたアパレルやスニーカーを相次いで発表し，大きな注目を浴びている。特に伝統的な龍や鳳凰をモチーフしたデザインは，クールでありながらも伝統的という評判を得ている。また，同ブランドは国際的なファッションウィーク等を通じて，その独自のアイデンティティを世界に発信し続けている。

「Li-Ning」が国潮ブランドの先駆者として成功を収めた背景には，きめ細かな市場調査とその結果をベースにしたブランディング戦略がある。2015年頃，当時まだその輝きを放つ前の「Li-Ning」は，将来の展望を考え，若年層をターゲットに大規模な消費者調査を実施した。これは，若者の価値観や消費動向が急速に変化する現代において，ブランドの方向性を正確に見極めるための戦略的な一手となった。そして，この調査から，「若い世代が自国の文化や伝統に対して強い自信や誇りを持ち，それを反映した製品やブランドへの高まる受容度がある」という結果が得られた[2]。

この調査結果をもとに，「Li-Ning」はブランドイメージの再構築を決定した。

その象徴として，2017年10月に新しいロゴ「中国李寧」を発表した[3]。これは，単なる新しいロゴの発表ではなく，ブランドの新しいアイデンティティの宣言であり，そして，中国の伝統や文化を強く意識したブランドとしての再出発でもあった。新ロゴの打ち出しに際して，「Li-Ning」は中国最大のSNSプラットフォームであるWeChatを活用した。これも若い世代を中心に大きな話題となった。さらに，国際的な注目度を高めるために，「Li-Ning」はニューヨークやパリなどの国際的なファッションショーに参加し，海外市場でのブランドポジションの確立を推し進めた。

　そして，最も驚くべき結果が現れたのは，新たなブランディング戦略を通じてリリースされた「中国李寧」の製品の価格設定である。それ以前の「Li-Ning」の価格の2倍にもかかわらず，これらの製品はすぐに完売するほどの高い人気を誇った。これは，中国の若者の間での国産品や自国の文化に対する受容度の高さを如実に反映したものといえる。その結果は，その後の「中国李寧」が「国潮」ブームを牽引するブランドとして，その地位を確固たるものになっていることで証明される。

② 「密扇（MUKZIN）」

　ファッションの「密扇（MUKZIN）」は2014年に設立された。設立年数が短いにもかかわらず，高い認知度を得ることができたのは，その独自のブランディング戦略がある。従来の中国風デザインに頼ることなく，現代感溢れるデザインのなかで，伝統文化の再解釈を試みた。特に西洋のファッションの枠組みを基本にしつつ，中国の伝統的な工芸や色彩を織り交ぜることで，独特なオリエンタルスタイルを生み出している。そのほか，特筆すべきは2021年の春夏コレクション「嘉瓏」である。黒や緑といった伝統的な色と一線を画したカラーリングが採用されるものの，プリントや刺繍技術を駆使して，中国の伝統的な要素が巧妙に組み込まれている。そして，「密扇（MUKZIN）」は，単に商品のデザインにとどまらず，ファッションショーや展示会という舞台を利用して，ブランドイメージの強化やメッセージを発信し続けている。2017年春夏シリー

ズファッションショーでは，音楽家 George Leong に特別に提供してもらった楽曲を上演し，観客にはファッションを芸術的なスタイルで堪能させる効果が発揮された。

③ 「花西子 (Florasis)」と「卡婷 (CATKIN)」

「花西子 (Florasis)」と「卡婷 (CATKIN)」も「国潮」ブームのなかで，美容品の開発と販売で急成長を遂げている。彼らの成功はその独特なブランディング戦略に起因している。特に「花西子 (Florasis)」は，「東方彩妆，以花養粧」（東洋のメイクアップ，花で化粧を育む）を理念とし，中国の伝統的な漢方を使用した化粧品や，伝統的な工芸を取り入れたパッケージデザインなどが注目される。また，彫刻や絵画などの伝統的な技法を取り入れたアイシャドウパレットは，SNS 上でのシェアや口コミを通じて火が付き，多くの若い女性たちの間で話題となっている。一方の「卡婷 (CATKIN)」は，「无界人文彩妆」（枠にとらわれないヒューマニスティックなコスメティック）というコンセプトで市場に新しい風を起こした。なかでも，中国代表的な庭園である頤和園とのコラボレーションが大きな話題となった。

このように，近年の国産ブランドの力強い成長を象徴するものとして，伝統と現代が融合したブランディングがこれらのブランドを通じて成功事例として現れている。また，こうしたブランドが生まれ育った背景には，「国潮」ブームと密接な関係があることは言うまでもない。これらのブランドは，伝統文化を尊重しながらも現代の消費者のニーズや価値観に合わせて商品やサービスを展開している。これは，若者を中心に高い認知度と評価が受けられた理由でもある。とりわけ，「中国李寧」は，若年層の消費者のニーズを的確に捉え，新しいロゴやブランディング戦略を通じて「国潮」ブームをリードしている。「密扇 (MUKZIN)」はその独自のデザインで，伝統と現代を組み合わせることでファッション市場に新しい価値を提供している。美容界の「花西子 (Florasis)」と「卡婷 (CATKIN)」は，それぞれの独自の美学やブランディング戦略を活かして，市場での成功を実現している。

そのほか，伝統的な茶文化を背景に持つ飲料ブランド「HeyTea（喜茶）」も，「国潮」の風潮を受けて成長したブランドの一つである。ミルクティーやフルーツティーなどの現代的なメニューを提供しながらも，伝統的な茶の風味や品質を大切にし，店舗デザインにも中国の伝統的な要素が取り入れられており，若い世代を中心に多くのファンを持つ事例である。

「国潮」ブームは，伝統文化を現代的な製品に昇華させたことで，新旧の価値観が融合し，独自のブランドイメージを築き上げることができた。また，これらの製品は，文化的な物語性と感性を大切にする消費者にとって，単なる製品以上の価値を持ち，話題性とともに市場での地位を確立している。さらに，中国の伝統を尊重しながら，それを現代的な感性で再解釈した「国潮」ブランドは，グローバル市場にも新しい風を吹き込んだ。特に，中国の古典的な龍や鳳凰などの図案を西洋のデザインと組み合わせることにより，独特の魅力を放つ製品として海外の消費者に大きな注目を受けている。その意味から，「国潮」製品はグローバル市場における中国の伝統文化に対する新たな認識と関心を喚起するという役割を担い，今後，「国潮」ブランドは中国の文化的自信の象徴として，グローバル市場に発信していくことも期待される。

第3節　「国潮」ブランドとラグジュアリーブランドとの相乗効果

これまで見てきたように，中国の高級品市場は，近年急速な成長を実現している。その成長の背後には，Z世代を中心とする若い消費者層の形成と，各ブランド企業による伝統と現代の融合という革新がある。中国は古くから宝飾文化の伝統があり，この伝統は現代の高級品市場に影響を与え続けている。一方，西洋生まれのラグジュアリーとの融合も同時に進んでいる。その結果として，「国潮」ブームから新しい価値観やスタイルを持つ多数の国産ブランドを生み出している。これにより，中国独自の高級品市場の姿が形成されつつあると同時に，消費者のラグジュアリーに対する価値観にも影響を与え続けていくだろう。

1. ラグジュアリーブランド企業が新たな市場機会の探求

　中国の消費者，特に若い世代の消費行動の変化は，単なる商品の価値だけでなく，品質，デザイン，そしてブランドが持つストーリーや背後にある意味も重視するという多面性が現れている。このような多面的な価値を求める消費行動は，高級消費財に対する新しいニーズが生み出されている。それは自己表現や社会的ステータスの追求，自身のアイデンティティの確立といった形である。これらの要因により，中国の高級品市場は，今後も持続的な成長と革新が期待されるだけでなく，新たな市場拡大の可能性を秘めている。このような市場のポテンシャルに対して，ラグジュアリーブランド企業も新しい戦略や製品開発を進めている。

　例えば，近年，バーバリーはAR技術を使用して，消費者が自分のスマートフォンでバッグやアクセサリーを「試着」できるアプリをリリースした[4]。これにより，オンラインショッピングのユーザー体験が向上し，さらに多くの消費者層を取り込むことができる。また，環境問題に対する関心の高まりを受け，ステラ・マッカートニーはサステナブルな素材の使用やエシカルな生産方法を採用すると発表した。動物の皮を使用しないポリシーを打ち出すことで，動物愛護や環境保護を重視する消費者層との結びつきを強めている[5]。さらに，地域文化との融合に関して，ルイ・ヴィトンは，中国の伝統的な春節を祝う限定コレクションを発表し，地域の消費者とのコネクションを強化している事例がある。これらの企業努力は，いずれも新しいターゲット層の獲得を目指している。特に従来とは異なる価値観や消費行動を持つ若い消費者層に対して，ブランド側は，この新しいターゲット層にアピールするための施策を展開し続けている。例えば，高価格で知られるエルメスは，若い消費者層向けに手頃な価格帯の製品ラインを展開することで，新たな市場機会を探求している事例がある[6]。

　また，書道や陶磁器，伝統的な服装や音楽，祭りなどの中国の文化や伝統は，その歴史的背景や豊かな民俗から，多岐にわたる要素を持ち，独特の魅力と価値を有している。これらの伝統的要素を活用するために，ラグジュアリーブランド側は積極的にこれらの要素を製品やサービスに取り入れ，独自性と深みを

持つブランドイメージを構築しようとしている。具体的な取り組みとして，ディオールは中国の伝統的な絹織物を使用したドレスや，龍や鳳凰といった伝統的なデザインを取り入れたアクセサリーを発表している[7]。これにより，中国の消費者だけでなく，世界中の消費者に対しても新鮮で魅力的なイメージを提供している。また，カルティエは「Les Berlingots de Cartier」シリーズの中国七夕限定版ジュエリーを発表する[8]など，伝統的な要素を現代的なデザインで表現している。

　これらの企業努力は，中国の伝統や文化はグローバルなトレンドとして高い注目を受け，高級品市場における中国の重要さが次第に高まっていくと解釈される。今後，中国消費者のニーズや嗜好に合った製品の開発やマーケティング戦略はブランドの成功にとって欠かせない要素である。特に，映画や音楽，アートなどの分野での中国文化の影響はラグジュアリーブランド側にとって無視できない存在となっており，新しい価値創出の重要な要素となり続けていく。また，これらの要素を効果的に取り入れることは，ブランド側が持続的な競争力を維持し，グローバルな市場での成功を獲得する重要な戦略となるだろう。

2．「国潮」ブランドと中国要素ラグジュアリーブランドとの相乗効果

　中国というラグジュアリー新興市場の潜在力に注目し，さらなる機会を捉えるべく，多くのラグジュアリーブランドが中国市場に進出してきた。しかし，単に豪華な製品を供給するだけでは，独自の市場ポジショニングを築くことは不可能である。Z世代をはじめとする若い世代の消費者は，グローバルな視点を持ちながらも，自国の文化や伝統に誇りを持つ傾向が今後さらに強まっていく。この流れに対応し，ラグジュアリーブランド側は，伝統的な要素と現代のデザインを融合させた中国要素ラグジュアリーを開発し，中国の若者たちの心を捉える戦略を展開し続けている。古典的な文様や伝統的な色合いを取り入れたハンドバッグやアクセサリー，そして伝統的な技法を用いたアパレルやコスメなど，多岐にわたる製品群が市場に投入している。

　この流れは，「国潮」ブランドとは一定の共通点がある。それは，「国潮」ブ

図表5-1　「国潮」ブランドと中国要素ラグジュアリーブランドとの相乗効果

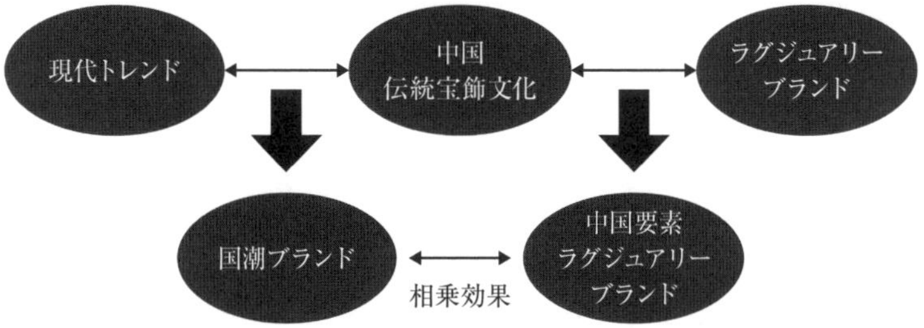

現代トレンド　←→　中国伝統宝飾文化　←→　ラグジュアリーブランド

国潮ブランド　←→　中国要素ラグジュアリーブランド
相乗効果

出所：筆者作成

ランドがZ世代を中心に生み出した中国の伝統要素を現代のトレンドに取り入れた製品であるのに対して，中国要素ラグジュアリーは，伝統的な宝飾文化に影響を受けた中国消費者の多様化されたニーズに合わせて，中国の伝統を西洋発のラグジュアリーに取り入れて，両者のコラボから生み出したものである。両者が中国の伝統文化を取り入れたことは共通点であるが，それぞれの市場において，新たな価値の創出を目指して，中国の高級品市場の発展に寄与していくという成長パターンは，両者の共存共栄の関係の現れといえる。また，今後，両者は相互に刺激を与えながら，新しい市場の可能性を模索していく相乗効果も期待されよう（図表5-1）。

　消費者の高まるラグジュアリーへの関心は，ブランド企業に中国市場におけるビジネスの拡大や新しい製品ラインの開発に多くの機会を生み出している。同時に，この関心は中国の高級品市場の継続的な発展の推進力となっている。ブランド企業がそれに応える形で，伝統と現代を融合させた独自の商品やサービスを提供し続けている。すなわち，「国潮」ブランドと中国要素ラグジュアリーとの相乗効果は，中国の高級品市場において新しい価値を生み出すプロセスである。ラグジュアリーブランド企業は，これらの流れを正確に理解し，消費者のニーズや嗜好に合った製品やサービスを提供し続けることは，今後，長期にわたる成功を収めるための条件になるだろう。

注

1) DIOR 中国 お正月 旧正月 中国 春節 お年玉袋 ポチ袋 紅包（https://item.fril.jp/ea5e1f2dcb79c0091f3f6d605443418f　2024 年 2 月 5 日閲覧）を参照。

2) 数英网 DIGITALING（2023）『国潮李宁，一个成功的营销概念』（https://www.digitaling.com/articles/888810.html　2024 年 2 月 5 日閲覧）を参照。

3) 海外ファッションニュース（2021/02/23）【中国を賑わす「国潮」とは何か】中国ブランドリーニン（李寧）の躍進の秘密（https://world-fn.com/lining-china-brands/　2024 年 2 月 5 日閲覧）を参照。

4) Wired Japan（2012）「リアルとデジタルが融合：バーバリーの新形態の旗艦店がロンドンにオープン！」（https://wired.jp/2012/09/27/burberry-flagship-store-london/　2024 年 2 月 5 日閲覧）を参照。

5) 日本経済新聞（2021.5.28）「持続可能なファッションのパイオニア。ステラ マッカートニーが描く未来図」（https://magazine.nikkei.com/article/DGXZQOKC037BL0T00C23A2000000　2024 年 2 月 5 日閲覧）を参照。

6) 日本経済新聞（2014 年 8 月 6 日）「エルメス，化粧品 4000 円台から　安さで若者呼び戻し」（https://www.nikkei.com/article/DGXLZO75290610V00C14A8TI0000/　2024 年 2 月 5 日閲覧）を参照。

7) Souhu news（2019-08-26）「中国风穿越时空 带你领略国际时尚大牌对中国风的演绎」（https://www.sohu.com/a/336384515_400166　2024 年 2 月 5 日閲覧）を参照。

8) 澎湃新闻（2022-07-28）「又是一年七夕，哪一种彩色宝石演绎的珠宝最得你心？」（https://m.thepaper.cn/newsDetail_forward_19163463　2024 年 2 月 5 日閲覧）を参照。

第6章 ラグジュアリーブランド企業対中進出の拡大

　今日，中国の高級品市場における消費層は，主として高い所得を有するミレニアル世代である。また，グローバルなトレンドに敏感なZ世代はその次の予備軍と予測されている。これらの異なる消費ニーズや嗜好を有する消費者に対して，各ブランド企業はラグジュアリーの伝統を継承し開発された製品を取り扱う市場である「既存製品市場」と，中国の伝統要素をラグジュアリーに取り入れて開発された製品を取り扱う市場である「新規製品市場」において，様々な変化と成長に注視しながら，進出拡大の戦略を推進している。また，「既存製品市場」と「新規製品市場」は相互に依存し，互いに刺激を与え合う関係にあるため，企業は，両市場の拡大と開発を同時に推進しながら，消費者にブランドの革新性をアピールしている。

　本章は，ラグジュアリーブランド企業による対中進出拡大の背景と現状を踏まえて，「既存製品市場」における製品の多様化と差別化を中心とする拡大戦略の展開，「新規製品市場」における革新と開拓を中心に考察する。

第1節　ラグジュアリーブランド企業対中進出の背景と現状

　中国の高級品市場規模は2011年に1,000億元程度であったものが，2021年には3,799億元に拡大し，10年で約4倍の成長を実現していた[1]。このような市場規模の急拡大は，各ブランド企業に多くのビジネスチャンスを提供し，企業は多種多様なチャネルを通じて，対中進出の拡大と戦略の強化を目指している。これらの主要ブランドによる対中進出の背景と現状を以下で見てみる。

1．主要ラグジュアリーブランドの対中進出の背景

　図表6-1は，「改革・開放」以降，対中進出を果たした主要ブランドの一覧
である。なかでも，ピエール・カルダンはいち早く中国市場に参入し，外国の

図表6-1　主要ラグジュアリーブランドの対中進出

年次	代表的ブランド	主な製品	消費者態度の変化	影響要因
1979年	ピエール・カルダン	洋服	外国ブランドへの好奇心，外国文化への憧れ	改革開放政策開始
1990年	ピエール・カルダン，カルティエ	洋服，アクセサリー	ステータスシンボルとしてブランドの重視，贅沢品への渇望	国民所得向上
1993年	バーバリー，シャネル	洋服，香水，バッグ，化粧品，時計	購買力が増し，ブランド品需要拡大	沿海地域の所得上昇
1996年	グッチ	洋服，香水，バッグ，化粧品，時計	贅沢品への渇望，外国製品をいいイメージ	国民所得の持続的向上
1997年	ディオール	香水，バッグ，化粧品	外国製品の質とデザインに対する信頼，意識向上	国民所得の持続的向上
2000年	ルイ・ヴィトン，バーバリー	洋服，香水，バッグ，化粧品，時計	外国製品の質とデザインに対する信頼，ブランドへの忠誠	インターネットの普及
2008年	ルイ・ヴィトン，グッチ	洋服，香水，バッグ	購買力が増し，奢侈品への投資意識が高まる，ブランドへの愛着	北京オリンピック開催
2012年	エルメス，シャネル	化粧品，美術品，翡翠玉，宝石類，ダイヤモンド，バッグ，衣類，時計	個性と特別感を求める，消費が多様化，ブランド歴史を尊重	SNSメディアの発達
2016年	ルイ・ヴィトン，シャネル	時計，バッグ，スーツケース，衣類，アクセサリー	18-34歳が主力，オンライン購入も増加，より情報を集める消費者	モバイル支払いの普及
2018年	グッチ，ルイ・ヴィトン	バッグ，洋服，靴，ブーツ，アクセサリー	若者が主力，地方都市での需要も増加，サステナビリティ意識	一帯一路政策の進化
2020年	フェンディ，ルイ・ヴィトン	宝飾品，バッグ，靴，洋服，化粧品，時計	独自のスタイルを求め，低い都市でも需要拡大，国産ブランドへの興味	コロナの影響
2022年	ルイ・ヴィトン，シャネル	服飾，靴，香水，化粧品，宝飾，時計	カスタマイズがトレンド，ブランドエクスペリエンス重視	デジタル化の進展

出所：各種資料をもとに筆者作成

高級ブランドとして中国消費者の外国ブランドに対する好奇心や憧れを満足させ，洋服を中心に中国の高級品市場をリードするブランドの一つとしてその地位を築き上げた。90年代以降，国民所得の向上に伴い，ステータスシンボルとしてブランドの重視，贅沢品への渇望という欲求が多くの消費者の中で生まれたことを受け，カルティエ，バーバリー，シャネル，グッチ，ディオールなどの有名ブランドが続々と中国市場に進出し，提供する商品も洋服のほか，アクセサリー，洋服，香水，バッグ，化粧品，時計など，ほぼすべてのアイテムが出揃った。

　そして，2000年代のインターネットの普及は，これまで海外旅行者だけが接することができた世界の最新流行をオンラインで瞬時的にアクセスすることができるようになったため，これは，特に中産階級の消費者の購買意欲を刺激する効果となった。また，2008年の北京オリンピックや2010年の上海万博などは，中国の国際的な地位の向上と国民感情の高揚に伴って，国民の間に高級ブランドの購入意欲を一層拡大させるようになった。さらに，2010年以降SNSメディアの発達やモバイル決済の導入は，消費者の間に最新ブランド購入情報の共有や，決済の利便性などをもたらし，消費者がより簡単に高級ブランドの体験情報を共有したり，手軽に購入したりすることができた。特に2020年以降の新型コロナウイルスの世界規模の流行は，多くの消費者が自宅にいながらネットを利用してラグジュアリーの情報をアクセスし，購入するという消費文化を定着する効果となった。また，アフターコロナのリベンジ消費も新たなラグジュアリー需要の拡大を促進している。

　上記のように，中国経済の各発展段階に応じて，世界の主要ブランドが相次いで中国市場へ進出し，多種多様な商品を中国の消費者に提供し続けている。これまで消費者が海外へ渡航しなければ，簡単に入手できない洋服，香水，バッグ，化粧品，時計，宝石類などの高級ブランドが国内でも容易に入手できた。これは，特に中産階級の間で西洋のラグジュアリー消費文化を浸透させる効果となった。また，近年では，中国の伝統要素を取りいれたラグジュアリーが消費者の間で需要が拡大していることは既述のとおりである。この傾向は，単に

消費者が一風変わったラグジュアリーに興味を示すようになっただけでなく，経済成長に伴った国民の自信の向上と，自国の伝統文化への尊重というより文化的，社会的な意味を持つようになったことを意味する。このような市場のダイナミックな変化に対して，各ブランド企業はいち早く反応し，様々な中国要素ラグジュアリーを開発し，中国本土だけでなく，アジアの華人圏やグローバル市場にも投入し，中国要素ラグジュアリーの市場規模を拡大させている。

2. 主要ラグジュアリーブランドの対中進出の現状

主要ブランドの対中進出の現状は，カテゴリ別，消費者支出シェア，購入チャネル，出店動向などから，以下の特徴が確認される。

(1) カテゴリ別

図表6-2で示すように，中国の高級品市場における拡大の可能性は，特に皮革製品から現れている。2021年世界市場規模69.63億ドルのうち，中国が占める市場シェアは23.50％に達した。また，同製品の2016年から2021年の平均成長率は6.51％であったが，2021年から2026年にかけての予測成長率は8.94％に達するという。これも中国市場の需要増と密接な関係があると見られる。その中，最も人気のあるトップ3のブランドは，それぞれがルイ・ヴィトン，

図表6-2 カテゴリ別に見た中国の高級品市場（単位：億ドル，比率）

カテゴリ	市場規模		世界CAGR		トップ3ブランド
	2021全世界	中国市場シェア（%）	2016-2021（%）	2021-2026（%）	
アパレル＆フットウェア	141.14	12.40	1.25	7.22	ラルフ・ローレン，グッチ，カルバンクライン
ジュエリー	52.2	16.87	4.67	8.53	カルティエ，ティファニー，ヴァンクリーフ＆アーペル
皮革製品	69.63	23.50	6.51	8.94	ルイ・ヴィトン，グッチ，エルメス
化粧品	52.74	16.40	4.14	8.16	シャネル，ディオール，フー

出所：Shenwan Hongyuan Research 2021 (https://swsresearch.com.hk 2024年2月5日閲覧）より

グッチ，エルメスである。一方のジュエリーの市場規模52.2億ドルに対して，中国が16.87％の市場シェアを占め，上記同期間の年間成長率が4.67％に達し，そして，2026年までの予測成長率は8.53％である。カルティエ，ティファニー，ヴァンクリーフ＆アーペルなどのトップ3ブランドは，消費者に高い人気があることから，同成長率は中国要因が強く反映されるものといえる。そのほかに，化粧品（トップ3はシャネル，ディオール，フー）が16.4％，アパレル＆フットウェア（同ラルフ・ローレン，グッチ，カルバンクライン）が12.40％など，いずれも中国が高い市場シェアを占めており，国内の高級品市場のさらなる成長を後押ししていると同時に，中国がグローバル市場を牽引し続けていることがわかる。

　これまで先進国の発展パターンから，国民一人当たりGDPの成長と高級消費財の消費量とは正の相関関係にあることが証明されている。これは，経済成長が続く中国において，国民の所得増加は，消費者がより洗練された高品質，高価格な商品を求めたいのと同じ性質なものと理解される。ラグジュアリーは，社会的地位やライフスタイルを表現する手段として重要な役割を果たし，特に経済的な余裕がある富裕層は，ファッション性やブランドイメージを通じて自己表現を行うことは，今後も中国社会で続けていくだろう。

(2)　消費者支出シェア

　中国の消費者による世界のラグジュアリーブランドの支出シェアから見ても，中国市場の拡大の可能性は明らかである。2019年から2021年の間に，中国消費者による世界ラグジュアリー品市場での支出シェアは11％から21％へと倍増した[2]。また，ベイン・アンド・カンパニーによると，2021年から2025年の年平均成長率は13％，2025年までに中国の個人ラグジュアリー消費の市場規模が世界最大になると予測されている[3]。これらの事実は，中国の消費者の高級消費財の購買意欲が高まっていることを示しており，今後もこの傾向は続くと予想されている。

　中国では，各種統計データから所得分配の改善が見られ，中産階級の人口が

過去10年間で大幅に増加している。この層の社会的地位向上や自己実現の欲求がラグジュアリーへの消費意欲を刺激している。加えて、ラグジュアリーの購入は、SNSでの発信とは強い相関関係にあるため、若年層を中心にSNSの普及やデジタル化の影響で消費者行動を変化させ、消費を拡大する要因となっている。また、政府による免税店制度の拡充も消費拡大に寄与している。

(3) 購買チャネル

近年の消費者のラグジュアリーの購買チャネルは、主として実店舗、海南島の免税サービス、オンラインの3つがあげられる。多くの消費者がオンラインで情報を収集後、実店舗で購入する傾向は既述のとおりであるが、2011年4月に施行された離島免税政策により、中国の最南端の離島で「中国のハワイ」とも呼ばれる海南島は、国内で免税制度を利用できる地域となり、中国に新たな高級品消費の聖地として登場した。2020年の売上は120%以上の増加を見せたはか、2021年にはさらに約85%の成長が見込まれ、中国高級品市場の成長要因の一つとなっている[4]。次に注目すべきは、高級ブランドのオンラインでの取引の増加である。2021年の成長率は31%に達し、総額2200億人民元に上る。新型コロナウイルスの影響で対面取引が31%減少した中、オンライン取引の割合が40%という記録的な数字に達し[5]、オンラインチャネルが消費者の高級消費財の購入に重要な役割を果たしていることが示されている。

これらの情報を踏まえると、中国の高級品市場は、デジタル化の進展とともに、オンラインとオフラインの相乗効果により、今後はさらなる市場の拡大が期待される。海南島の免税店のような新しい消費の場の出現とオンライン取引の増加は、消費者に新たな購入チャネルを提供し、市場拡大を促進している。とりわけ、若年層の消費者の行動パターンの変化とデジタル化の進展により、今後も高級品市場における新たな需要を創出し続けていくとみられる。

(4) 出店動向

不動産サービス企業Savillsの報告によれば、2022年主要ブランドの出店数

は前年比で11％増加し，そのうち，41％が中国に集中していた[6]。この事実は，中国が世界の高級消費財の重要な消費地域になっていることを示す。新型コロナウイルスの影響下でも，中国のラグジュアリー需要が大幅に落ち込むことがなかったのは，中国の消費需要の強さを示す証拠となる。一方，主要ブランドによる出店戦略は，これまでの大都市から徐々に中小都市へシフトし，地方都市でも高い収益を得られると判断したからである。店舗数の増大は，ブランド知名度の向上，消費者との接点の拡大，そして新たな市場の開拓といった多面的な効果をもたらす可能性があり，中国の高級品市場は需要と供給の双方から大きな成長の可能性を促す原動力になるだろう。

　上記をまとめると，中国の消費者は新しいトレンドやデジタル技術に対する適応力が高く，各ブランドがデジタルマーケティングやイノベーションを通じて消費者のニーズに応えることができれば，市場の成熟度を一層高めることが期待される。また，中国は広大であり，地域ごとに消費行動や文化が異なるため，市場拡大戦略では，地域ごとの差異を考慮したアプローチが重要である。特に，一線都市の消費者はより海外の最新流行に詳しいという事実を理解し，地域差を踏まえたうえでの製品の開発やプロモーション戦略を立てる必要がある。そのため，ターゲット別のマーケティング戦略では，消費者の年齢層，性別，収入レベルなどに応じて異なるアプローチも不可欠であろう。

第2節　既存製品市場における拡大戦略の展開

　ラグジュアリーブランド企業が消費者の高まる期待に応えるために，製品の質の向上とマーケティング戦略の洗練に注力し続けている。都市部では，特に，高級ブランドの店舗や限定品の発売が消費者の注目を集め，既存製品市場を拡大している。また，デジタル化の進展により，オンラインプラットフォームを利用した新しい販売戦略や消費者とのコミュニケーションは，新製品の開発において重要な役割を果たしている。これは，今後，中国のラグジュアリー市場の持続的な拡大を図るには，既存製品市場における製品の多様化と差別化を通じた戦略の展開が不可欠であることを意味する。

1. 既存製品市場におけるブランド企業の拡大戦略

既存製品市場におけるブランド企業の拡大戦略は，「ブランドイメージ強化」「限定品展開」「顧客体験向上」「地域別マーケティング」「ターゲット別マーケティング」の4つに分けて，主要企業の動向をみることができる。

「ブランドイメージ強化」では，ルイ・ヴィトンのようなブランドがデジタルキャンペーンを通じて若年層にアプローチする例があげられる[7]。一線都市をターゲットにした高度なデジタルキャンペーンや有名人を起用したコラボレーションがブランド認知度を高め，製品の独自性を際立たせる。また，「限定品展開」においては，シャネルのように特別版製品をリリースし，限定品リリースの宣伝を一線都市で行い，祝日連動のプロモーションを実施することで，消費者の関心を引き，ブランド体験を強化している[8]。そして，「顧客体験向上」では，アップルの体験型ストアが例としてあげられる[9]。これはオムニチャネル戦略を採用し，全地域の全年齢層に対応する。店舗での体験型サービスによって，消費者満足度を高める。さらに，「地域別マーケティング」では，ルイ・ヴィトンなどのブランドが地域文化に基づいた製品の展開を行っている。特に中国各地の消費者ニーズに合わせた製品の展開や，ローカライズされた広告キャンペーンなどが功を奏している[10]。最後に「ターゲット別マーケティング」では，若年層向けにソーシャルメディアやインフルエンサーを活用したマーケティングが効果を発揮している。一方で高収入層向けにはエクスクルーシブなVIPイベントやパーソナライズされたサービスなども有効である[11]。

2. 既存製品市場における価値拡大

上記を踏まえて，今後，既存製品市場における価値拡大の可能性は，以下の3つを導出することができる。

第一に，中国は経済成長と所得の向上がラグジュアリー消費を牽引し続けている。これは，前述した皮革製品とジュエリーのカテゴリにおいて，顕著な市場拡大がみられていることが明らかである。さらに，消費者支出シェアの推移により，消費者のラグジュアリーへの支出割合が着実に増加しており，今後さ

らなる伸びが期待される。その背景には，経済成長と所得の向上は，消費者の
購買力の源泉になっていることがある。既存の顧客に対しては，より高額な商
品の購入や新しいカテゴリへの関心の拡大など，支出面での拡大効果が期待で
きる。例えば，バッグや服飾雑貨を購入している層が，新たに時計や宝飾品も
購入するような好循環が生まれる。一方の新規顧客も高級品市場への参入が進
んでいる。経済成長を背景に，現在の消費層だけでなく，新興中産階級も高級
ブランドの顧客になることが期待されるからである。

　そのため，既存の顧客に対しては，ライフスタイル提案力を高める戦略が必
要である。単にバッグや宝飾品を販売するだけでなく，豊かな暮らしを演出す
るためのシーンの提案を通じて，高付加価値化と消費拡大を実現できるだろう。
宝飾品に関しては，重要なシーンでのギフトや自分へのご褒美といった提案が
効果的であるし，バッグや衣服に関しては，ワードローブでのコーディネート
アドバイスも提供できるだろう。SNS などのオンラインチャネルとの連携も
重要であり，日常生活の中でブランドとの関係性を継続的に構築していく戦略
が求められる。

　他方，新規顧客の獲得に向けては，入口となる商品ラインナップの拡充が不
可欠である。ラグジュアリーブランドの購入に踏み込めない顧客層も存在する。
そのため，フレグランスや小物レザーグッズなど，比較的手頃な価格帯の商品
を提供することが重要である。これらの商品を通じて利用者にブランド体験を
提供し，好感度や支持層を着実に蓄積していく戦略が必要である。正規のラグ
ジュアリーラインへの移行促進策も併せて実施し，ブランドロイヤルティとリ
ピート購入の拡大を目指す。

　第二に，若年層を中心とした消費者行動とデジタル化への対応が重要である。
購買チャネルの分析からは，オンライン取引の割合が着実に増加している。特
に 1990 年代生まれの Z 世代にその傾向が強く，SNS を通じた情報発信と共有
がこの世代の消費行動を大きく方向づけているといえる。TikTok や微博 (Wei-
bo) などの SNS プラットフォームがライフスタイル表現の手段として重要な
役割を果たし，自己表現とブランド体験が不可分の関係にある。このため，中

国の高級品市場において，デジタル親和性が製品訴求力の要素であると位置づけられる。商品特性だけでなく，SNSでの拡散可能性や話題性もまた魅力のポイントである。若い消費者は，既製品のデザインや機能よりも，自分が支持するブランドと商品がSNS上でどのように受け止められるかに注目している。また，有名インフルエンサーが実際に商品を使用しているかどうかも，購買意欲に大きな影響を与えている。このため，SNSマーケティングは中国において最も効果的かつ重要な手法の一つとして位置づけられる。つまり，SNS上でのユーザーコミュニティの醸成やインフルエンサーマーケティングの戦略的活用，双方向的かつ継続的な関係構築が求められる。

　具体的には，公式アカウントにとどまらず，有力なソーシャルメディアオピニオンリーダーや一般ユーザーとのコラボレーションを推進することが重要である。人気インフルエンサーとのコラボ商品開発や，一般ユーザーが参加できる商品開発アイディアの募集を通じて，ブランドへのエンゲージメントと支持拡大が可能であると考えられる。また，シームレスなオンオフライン体験の提供も今後の重要性が高まっていくだろう。実店舗での商品体験後にSNSでの情報発信を促す施策や，SNSで話題になった商品を実店舗で立体的に体験できる仕掛けが不可欠である。オフラインでの体験のSNS上での増幅と拡散，オンラインでの話題喚起と実店舗での体験提供という好循環が，デジタルマーケティングの指針となるだろう。

　第三に，「国潮」ブームの動向を注視し続けることである。近年，「国潮」ブームのなかで生まれた国産ブランドは，グローバル市場における存在感の向上が現れている。このブームとの連動は，次世代のラグジュアリー消費層と期待されるＺ世代からの支持が得られるだけでなく，次の若い消費者を獲得するという相乗効果が期待される。例えば，欧米市場では，環境に配慮したサステナブルな製品への関心が高い。これらの影響を受けている若い消費者に環境にやさしい製品を市場に投入することは，ブランドイメージの向上に寄与し，購買につながる可能性がある。そのために，中国の文化やトレンドに敏感な海外デザイナーやクリエイターを活用することも重要であろう。彼らから中国市場固

有の消費者ニーズを探り出し，ブランドメッセージを現地の文脈に合わせて適切に伝えることが求められる。これらを通じて，新たなビジネスモデルの探求やイノベーションの推進につながるだろう。

そのため，中国市場における各ブランドのポジショニングを明確にしながら，地域ごとの市場特性に合わせた製品開発とマーケティングが求められる。その過程で，現地の消費者ニーズや文化的価値を深く理解し，それらを反映した製品やサービスを提供することは，成功のカギとなる。特に，「国潮」ブームの進展と国産ブランドの動向を常に注視し，消費者のフィードバックを積極的に取り入れることにより，ブランド力を高めるための必要不可欠な課題といえる。

第3節　新規製品市場における中国要素ラグジュアリーの開発

新規製品市場の開拓は，各ブランド企業にとって持続的な成長を達成するための重要な条件である。市場の飽和を避け，消費者の新しい要望に応えるためには，革新的な製品と独自のブランド体験が求められる。中国の伝統文化や最新ニーズを取り入れて製品を開発することで，消費者の関心を惹きつけるのはいうまでもない。新規市場の開発と既存市場の拡大は相互に依存し合い，共存共栄の関係にある。新規市場の開発は，既存市場に新鮮な刺激を与え，ブランドの革新性をアピールする機会を提供すると同時に，既存製品市場の成功が新規製品市場開発のための資本と経験を提供する。この両輪作戦は，中国の高級品市場での長期的な成長と繁栄を維持するために不可欠な要素であろう。

1. 中国要素ラグジュアリーの開拓事例

第5章で考察してきたように，「国潮」ブームから生まれた多くの国産ブランドは，中国の高級品市場の発展に様々な影響を与えている。同時に，このトレンドは新しい顧客層の獲得に向けたブランド戦略の変化をもたらしている。特に若い世代の消費者は，伝統と現代性を融合させた製品に強い興味を示している。これは，ブランド企業にとって新しい市場機会の創出を意味し，多くの企業は中国要素を重視したブランド戦略を展開するきっかけになっている。

① ルイ・ヴィトン新規市場の開拓

　ルイ・ヴィトンは中国高級品市場において，独自の戦略で新市場を開拓し続けている。まず，地方都市への展開を進め，成都にブランド初のレストランを開業した。この一手は，単なる販売店舗を超え，飲食業界への進出によって，消費者に対するブランド体験を深化させる効果を持つ。さらに，青島で開催された「LOUIS VUITTON&」展示会や河北省北戴河での2023年春のメンズファッションショーは，従来のファッションショーの形式を打破し，新しい顧客層の注目を集める斬新な試みである。また，上海で展開された旅行とホームスペースは，ライフスタイル分野への拡大を示し，ブランドイメージの多様化を見せている。このような中国の伝統要素を意識した多角的なアプローチは，中国市場におけるルイ・ヴィトンの存在感をより強固なものにし，消費者との接点を増やしている。そして，成都での都市ガイドの発行は，地域固有の消費者ニーズに応え，ブランドの魅力を地方都市に広める戦略として重要である。

② ディオール新規市場の開拓

　ディオールは，2022年に中国市場における高級品の新市場開拓に向けて，「Diorと芸術」（ART'N DIOR）展覧会を開催し，上海や南京などで展示を行った。同時に，多数の都市を巡るポップアップ活動を通じて，ブランドの新製品を紹介し，消費者とのエンゲージメントを高めている。さらに，中国の現代アーティストと協力し，限定アイテムを制作することで，ブランドのクリエイティビティと地元文化との結びつきを強化している。この戦略の一環として，ディオールは中国の一線都市以外の都市にも店舗を拡大し，より広範囲の消費者層にリーチすることを目指している。

③ シャネル新規市場の開拓

　シャネルも新規製品市場における開拓戦略を展開し，映画を通じたブランド意味の伝達と消費者との対話や，中国内地での複数都市巡回ポップアップイベントの実施，文化活動を通じたブランド文化を語るなどの市場拡大戦略を展開

している。具体的には，映画産業への関与によるブランドストーリーの強化と文化的イメージの向上や，J12 腕時計「律動不息」テーマのポップアップイベントを杭州と深圳で開設を通じて，限定商品の展示によるブランドの特別感と独自性の演出，そして，文化イベントを通じたブランドの物語で消費者との深い関係構築を目指している。

④ ブルガリ新規市場の開拓

ブルガリは，2022 年北京の国貿商城で「灵蛇奇想」というアート展示を開催した[12]。展示は，ブランドが持つ「蛇」というシンボルを巧みに取り入れ，現代アートと融合させた。中国の伝統文化とブルガリのデザインを融合することで，消費者に新しい体験を提供し，ブランドの魅力を高める効果となった。グッチもまた，Marsper とのコラボレーションを通じて，中国市場におけるブランドのイノベーションと文化的敏感さを示した[13]。

このように，各ブランドの多種多様な新規市場開拓の努力を通じて，中国に新たな消費層の開拓，市場地位の確立に働いている。また，各ブランドが消費者の文化的バックグラウンドや価値観を尊重し，それを商品やサービスに反映させることで，消費者はブランドとの関連性を感じ，より強いロイヤルティを築いていく効果もある。さらに，各ブランドは消費者との関係強化や，ブランドの魅力の向上から，消費者との間で価値共創の可能性が生まれ，この共創のプロセスを通じて，ブランド価値をより一層高めていくことが期待される。その意味から，ルイ・ヴィトンや，ディオール，シャネルのような中国市場での取り組みは，他のブランドにとって一定の参考価値がある。中国市場の特性を理解し，文化的要素やデジタルマーケティングを取り入れた戦略は，今後，新規製品市場の開拓にさらなる効果が期待される。

2. 新規製品市場における主要ブランドの 3 つの形態

上述の各ブランドによる中国要素ラグジュアリーの開拓事例から，主要ブランドが中国の伝統文化との融合に関する試みは，そのアプローチや実施内容に

よって，伝統主義型，イノベーション型，そしてビジネス文化型という3つの
カテゴリに大別される。そのうち，伝統主義型とは，中国の伝統や文化を尊重
し，そのままの形で取り入れた事例を指す。一方のイノベーション型とは，伝
統的な要素に新しい解釈やアイディアを取り入れて革新した事例である。また，
ビジネス文化型とは，ビジネスの現場や戦略の中で，中国の伝統文化や価値観
を取り入れた事例である。

① 伝統主義型

　伝統主義型は，シャネル，カルティエ，セリーヌ，ディオールなどが，中国
の豊かな文化や伝統を製品のデザインやコンセプトに取り入れた事例がある。
具体的には，シャネルが墨絵や暖かみのある色彩を取り入れて「上海の秋」を
イメージしたコレクションを発表している。一方の，カルティエは「長寿のカ
ギ」をテーマに取り上げ，故宮博物院との共同プロジェクトを実施した。セリー
ヌは，フレンチラグジュアリーのエッセンスと中国の古典的な美を組み合わせ
た手袋コレクションを展開している。また，ディオールは中国の手工芸技術へ
の深いリスペクトを示し，精巧な手刺繍やオリジナルの染色技法をフィーチャー
したアイテムを披露している。

　これらの取り組みを通じて，中国市場での成功を追求する際の核心的な要点
が浮かび上がってくる。それは，単に市場をターゲットとするのではなく，そ
の地域の文化や伝統を真摯に学び，理解し，そしてそれを尊重して取り入れる
ことの重要性である。ブランドがその地域の文化や価値観を深く取り入れるこ
とで，消費者とより深い結びつきや信頼関係を築き，市場での成功を収めるこ
とができる。

② イノベーション型

　イノベーション型に関しては，アルマーニ，ヴァレンティノ，プラダ，イヴ・
サンローランといった名だたるブランドが，中国の伝統的要素を現代的なコン
セプトやデザインと融合させたイノベーション型の事例がある。これらのブラ

ンドは，単に古典的な要素を取り入れるだけでなく，それを現代的な解釈で再構築し，新しいアプローチで市場に投入することで，消費者に新鮮な驚きや興奮をもたらしている。なかでも，アルマーニの2020年春夏コレクションには，中国古来の青花瓷のデザインや，中国式の伝統的な詰襟やボタンなどが取り入れられており，その結果，洗練された東洋の美意識と西洋のモダンさが絶妙に調和したコレクションが生まれた。ヴァレンティノの2016年秋冬の高級定制では，福寿や海水江崖紋，そして輝く金糸で織り成された龍の刺繍など，中国の伝統的な象徴やモチーフを現代的な手法で表現している。プラダは，モダンアートの感覚を取り入れつつ，柔らかくて透明感のある生シルクを使用し，アーティスティックながらも上品なスタイルを展開している。イヴ・サンローランも，中国の伝統工芸，特にシルクや襟，玉環，刺繍などの技法や材料を豊かに取り入れ，それを現代のデザインとして再解釈することで，独自のエッセンスを持つアイテムを創出している。

　これらの事例を通して，伝統と現代性の融合が，ブランドの新しい価値や魅力を生み出す重要な要素であることが明らかになる。中国の文化や伝統という深いルーツを持ちながらも，それを革新的に再構築することで，ブランドは消費者に対して新しい価値や魅力を提供し続けることが可能となる。

③　ビジネス文化型

　ビジネス文化型の戦略を採用したブランドが，中国の伝統や文化を独自の方法で取り入れ，それを現代的なコンセプトやアイディアと結び付けることで，新しい価値を生み出している事例である。これらのブランドは，中国の深い文化的背景や歴史に敬意を払いながらも，それを現代のマーケティングやデザインの文脈で解釈し，その結果として独自のブランドイメージや魅力を構築している。バレンシアガは，江南地方の独特の自然や楽器といったテーマを採用し，それをファッションの世界で新しい形で表現することに成功している。一方，グッチは民国時代の学生服のデザインや伝統的なボタンという要素を取り入れ，そのユニークな融合によって2017年秋冬コレクションの新しいビジョンを打

ち出している。ルイ・ヴィトンは，福神や錦鯉，龍といった中国の吉祥の象徴をモダンなアイテムに取り入れることで，ブランドの高級感やエクスクルーシビティを強化している。ロエベは，古典的な中国の色やシルク素材を用いて，独自の美学や魅力を表現しており，それによりブランドの世界観や哲学をより深く消費者に伝えることができている。エルメスは，都市文化や手工芸の要素を家具や衣類に取り入れ，ブランドのラグジュアリーさやエレガンスを際立たせている。ショパールの"Panda"シリーズは，東洋のシンボルであるパンダをラグジュアリーなデザインで表現し，その結果，東西の文化の融合という新しい価値を生み出している。ジバンシーは「中国紅」限定版を通して，新年や東洋文化の要素を採用し，それによってブランドの特別感やエクスクルーシビティを高めている。

　これらの事例から，イノベーションと地域文化の融合が，現代のブランド戦略においてどれほど重要であるかを示している。中国市場に訴求するためのアプローチは多岐にわたり，それぞれのブランドが独自の方法で中国の文化や伝統を取り入れ，それを通して新しい価値や魅力を創出していることが明らかである。

　上記をまとめると，各ブランド企業が中国要素ラグジュアリーを開拓する際には，主として以下の3つを重視している。第一に，文化と伝統を尊重することである。これは消費者の信頼と接点を築く基本的な手段として企業側が捉えていると見受けられる。例えば，シャネルやカルティエが中国の文化要素を取り入れているのは，その地域文化を理解し，尊重することによって市場で成功している明証である。第二に，イノベーションを絶えず求めることである。アルマーニやヴァレンティノの作品から示すように，文化的な要素を単に取り入れるだけでなく，それに新しい解釈や創造性を加えることで独自の価値を生みだしている。第三に，長期的な市場戦略を持つことである。中国における中産階級の成長や消費者ニーズの多様化に対応しながら，地域文化とグローバルなビジョンとをバランス良く組み合わせた長期戦略として練り直している。

　そして，各ブランドは文化的要素との連携を通じて中国消費者との結びつき

を強化する過程において，消費者との間で価値共創を目指している目標がある
といえる。つまり，消費者の期待に応えると同時に，自社のブランド価値を高
めることである。上記で見てきた各ブランドの事例は，いずれもこれらの中国
の伝統文化と現代のラグジュアリーを融合させ，消費者に新しい体験を提供し，
ブランドの魅力を高めていく。各ブランドが消費者の文化的バックグラウンド
や価値観を尊重し，それを商品やサービスに反映させることで，消費者はブラ
ンドとの親和性を感じさせ，より強いロイヤルティを築いている。それにより，
消費者はブランドに対する信頼と愛着を持ち続け，購入者からブランドのアイ
デンティティ形成において重要な役割を担うパートナーと変わっていくことが
期待される。

注

1) 欧睿・申万宏源研究より
2) BAIN & COMPANY (December 20, 2021)「From Surging Recovery to Elegant Advance: The Evolving Future of Luxury」(https://www.bain.com/insights/from-surging-recovery-to-elegant-advance-the-evolving-future-of-luxury/ 2024 年 2 月 5 日閲覧) を参照。
3) 前記注 2 と同じ。
4) Tencent. (2021). 2021 年中国の奢侈品消費が 4710 億元に達し，前年比で 36 ％増加. (https://sourl.cn/pwVUWg 2024 年 2 月 5 日閲覧) を参照。
5) 中国証券. (2022). 中国贅沢品報告書. https://sourl.cn/RGdjc5 を参照。
6) 新浪財経 (2023 年 5 月 19 日)「商業｜中国去年新开奢侈品店数量占全球 41 ％，意味着什么？」(https://finance.sina.cn/stock/relnews/hk/2023-05-19/detail-imyuhmre7626167.d.html?from=wap%60%60%E3%80%90oaicite:0%E3%80%91%60%60 2024 年 2 月 5 日閲覧) を参照。
7) 日本経済新聞 (2023 年 2 月 6 日)「ロレアルやナイキ，LVMH Web3 で何を目指す」(https://www.nikkei.com/article/DGXZQOUC27BGC0X20C23A1000000/ 2024 年 2 月 5 日閲覧) を参照。
8) TIANWEI ZHANG (2020 年 5 月 14 日)「ポストコロナで中国のラグジュアリー市場が再活性化　各ブランドの戦略は？」(https://www.wwdjapan.com/articles/1078037 2024 年 2 月 5 日閲覧) を参照。
9) アップル公式ページ (2017 年 4 月 25 日)「Apple Store 全店で新しい体験の数々を『Today at Apple』として提供」(https://www.apple.com/jp/newsroom/2017/04/today-at-apple-bringing-new-experiences-to-every-apple-store/ 2024 年 2 月

5日閲覧）を参照。

10) Jiemian NEWS（2023年10月25日）「从 LV 上海快闪，看"在地营销"新趋势」(https://m.jiemian.com/article/10283733.html　2024年2月5日閲覧）を参照。

11) KPMG（2023年2月）「奢侈品行业新气象」(https://assets.kpmg.com/content/dam/kpmg/cn/pdf/zh/2023/01/luxury-redefined.pdf　2024年2月5日 閲覧）を参照。

12) Sohu news（2022年7月30日）「宝格丽"灵蛇奇想"限时艺术展于国贸商城耀目开启」(https://www.sohu.com/a/573002599_121124647　2024年2月5日閲覧）を参照。

13) Sohu news（2023年6月2日）「古驰推出 Marsper × Gucci 联名系列创作」(https://www.sohu.com/a/681495985_116152　2024年2月5日閲覧）を参照。

第7章 ラグジュアリーブランドに関する消費者意識調査

　前章までは，伝統的に宝飾文化を有する中国の消費者が中産階級の拡大に伴った高級消費財の需要増加，なかでも，西洋発のラグジュアリーへの需要拡大および，中国の伝統文化を再評価する一環として，中国の伝統要素を現代の流行に取り入れた「国潮」ブランドの需要拡大，そして，これらの需要増に対するラグジュアリーブランド企業や「国潮」ブランド企業による供給拡大や研究開発の注力などを考察してきた。

　本章は，これらを踏まえて，消費者とラグジュアリーブランド企業と間に価値共創の可能性を検証するために立てた3つの仮説を念頭に，情報収集を行う。具体的な手法は，消費者を対象にラグジュアリーブランドに関する意識調査を実施する。

第1節　調査の概要と目的

　調査は，本書で立てた3つの仮説の有効性を検証するために，実証データの収集を目的とする。より正確なデータを回収するために，調査は，以下の工夫を施した。まず，回答者の属性に関する質問では，年収とラグジュアリーブランドの消費との関係性を考慮し，年収10万元〜100万元以上の5段階に分けて情報を収集する。なお，「年収10万元〜」は，中国国家発展改革委員会が中国典型的な3人家族が年収10万元から50万元を中産階級と定義しているからである（詳細は序章 p.1 を参照）。

　続いて，年齢層の設定に関しては，18歳以下，18-24歳，25-34歳，35-44歳，45-54歳，55-64歳，65歳以上という7段階に分けて，質問を設けた。その狙いは，中国におけるラグジュアリーブランドの年齢別の利用実態をより

正確に把握することである。

そして，ラグジュアリーブランドと中国の宝飾文化に関する質問では，回答者がラグジュアリーの利用時，中国の伝統宝飾文化および近年の「国潮」ブームに影響を受けているのか，受けている場合，どの点を重視しているのかといった質問を設けた。特に，消費者のラグジュアリーの印象や購買行動に関する質問では，5段階評価を導入し，対象者のラグジュアリーブランドへの購買，認知，体験および，ラグジュアリーブランドの技術革新や市場動向，市場展望など，中国高級品市場の発展の方向性を意識した質問を設け，対象者からの回答を集める。

調査はWebアンケートの方式を通して，2023年9月～11月の間に，計2403人（うち，男性602人，女性1801人）を対象に実施した。また，調査はより正確に消費者のラグジュアリーブランドの利用実態を把握するために，以下の3つの部分に分けて，計34質問を設けた。

第1部分：回答者の属性に関する質問（質問1～6）

第2部分：ラグジュアリーブランドと中国の宝飾文化，「国潮」ブランドとの関係性に関する質問（質問7～16）

第3部分：消費者のラグジュアリーブランドの印象と購買行動に関する質問（質問17～34）

▌第2節　調査の回答と分析

まず，第1部分では，回答者の属性を，性別，年齢，職業，年収，在住地域，学歴などの6質問に分けて，ラグジュアリーブランド利用者の実態を調査する。

第7章　ラグジュアリーブランドに関する消費者意識調査　109

1．あなたの性別

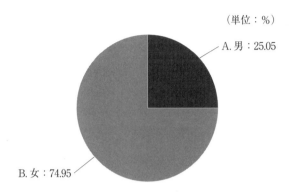

　回答者のうち，男性は25.05％，女性は74.95％を占めている。圧倒的に女性が多いことから，中国のラグジュアリーブランド市場は，女性がリード的な役割を果たしていることが分かる。

2．あなたの年齢

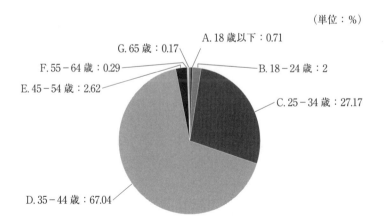

　回答者のうち，35-44歳の層は67.04％，25-34歳の層は27.17％を占め，両者を合わせると，94.21％に達した。それ以降に続いたのは，45-54歳（2.62％），18-24歳（2％），18歳以下（0.7％），55-64歳（0.29％），65歳以上（0.17％）の順で

ある。

　35-44歳はミレニアル世代に属し，25-34歳はZ世代に当たる。つまり，中国のラグジュアリー市場はミレニアル世代がリードしており，Z世代がその次の消費層になる。この結果は，これまでの先行研究と同じ結論であり，有効な調査対象であると検証された。一方，それ以外の年齢層の比率が低いというのは，ラグジュアリーに関心が低いと推測される。

3．あなたの職業

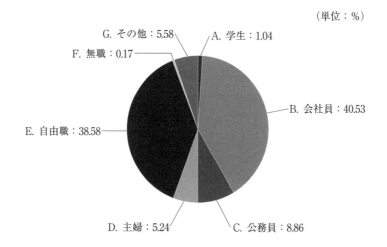

　回答者のうち，会社員（40.53％），自由職（38.58％）を第1グループとするなら，続いた公務員（8.86％），主婦（5.24％）は第2グループに分類される。相対的に所得が高い会社員や自由職などはラグジュアリーを購入する可能性が高いといえる。

4. あなたの現在の居住地

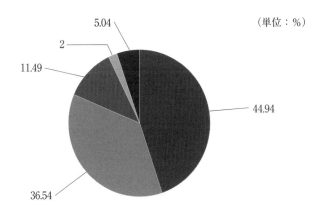

現在居住地に関しては，一線都市 (44.94%)，二線都市 (36.54%)，三線およびそれ以下の都市 (11.49%)，海外 (5.04%)，都市部以外の地域 (2%) の順である。所得が高い一線と二線都市の居住者が全体の8割以上を占めており，回答者の所得が高いほど，ラグジュアリーを購入する可能性が高くなると推測される。

5. あなたの最終学歴

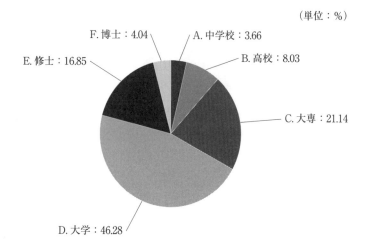

回答者のうち，大学卒は46.28％を筆頭に，大専（3年制大学）(21.14％)，修士(16.85％)，高校(8.03％)，博士(4.04％)，中学校(3.66％)の順である。4年制大卒と3年制大卒が全体の約7割を占めていることは中国社会の教育現状に即した回答内容といえる。

6. あなたの年収

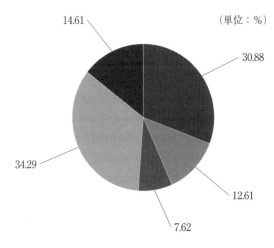

年収が多い順から，1位（50-100万元）は34.29％，2位（10-20万元）は30.88％，それに続いたのは，100万元以上は14.61％，20-30万元は12.61％，30-50万元は7.62％である。高額なラグジュアリーの購入に金銭的な余裕があるとされる50万元以上の年収を有する回答者は48.9％に達し，回答者の約半数を占めた。

次に，第2部分では，ラグジュアリーブランドと中国の宝飾文化，「国潮」ブランドとの関係性を考察するために10問を設けた。主として，中国の伝統宝飾文化の影響を受けた消費者がラグジュアリーの利用におよぼす影響，「国潮」ブランドとラグジュアリーブランドとの関係などの情報を収集する。

7. あなたが知っているラグジュアリーブランドを教えてください（複数選択可）。

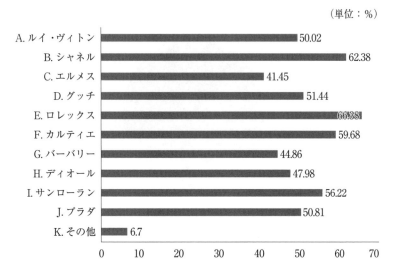

回答者は主要ラグジュアリーブランドに対し、軒並みに高い認知率を示した。なかでも、ロレックス（66.38％）やシャネル（62.38％）には6割を超える認知率があった。

8. あなたのラグジュアリーの印象を教えてください（複数選択可）。

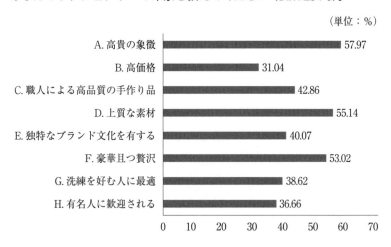

また，ラグジュアリーに対する印象は，高貴の象徴（57.97％）を筆頭に，上質な素材（55.14％），豪華且つ贅沢（53.02％）がベスト3である。そのほかには，職人による高品質の手作り品（42.86％），独特なブランド文化を有する（40.07％）などが続き，ラグジュアリーの特徴をよく理解している回答である。

9．あなたは中国の伝統宝飾文化に詳しい。

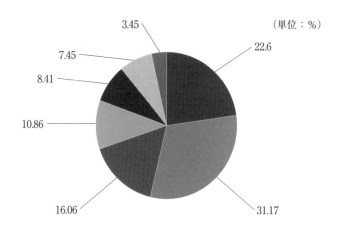

● A.非常に詳しい　　　　　　　　　　● B.ある程度知っている
● C.全く知らないが，興味がある　　　● D.全く知らなく，興味もない
● E.少しは知っているが，あまり興味を感じない　● F.よく知らないが，興味を持っている
● G.まったく知らない

　回答者のうち，中国の伝統宝飾文化を「ある程度知っている」は31.17％，それに続き，「非常に詳しい」は22.6％，「少しは知っているが，あまり興味を感じない」は8.41％である。中国の伝統宝飾文化を知っている比率は62.18％に達したが，一方の「全く知らない」も3割以上に達した。

10. あなたは中国の伝統文化要素を取り入れたラグジュアリーブランドを見たことがある。

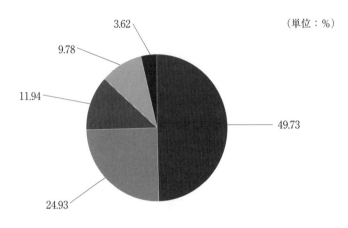

中国の伝統文化要素を取り入れたラグジュアリーブランドを「見たことがあり，興味がある」比率は49.73％で，約半数の回答者が見たことがわかる。また「見たことはないが，興味がある」比率は，24.93％に達した。両者を合わせると，7割以上の回答者が中国の伝統文化要素を取り入れたラグジュアリーに関心があり，潜在的な購買層にもなると推測される。

11. 設問10のA（見たことがあり，興味がある）とB（見たことはないが，興味がある）を回答した人は，あなたが思う中国の伝統宝飾品と中国伝統要素を取り入れたラグジュアリー品との共通点を教えてください（複数選択可）。

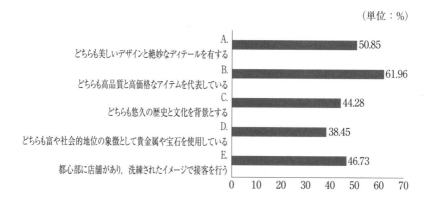

「どちらも高品質と高価格のアイテムを代表している」と回答したのは61.96％で，続いたのは「どちらも美しいデザインと絶妙なディテールを有する」(50.85％)，「都心部に店舗があり，洗練されたイメージで接客を行う」(46.73％)，「どちらも悠久の歴史と文化を背景とする」(44.28％)，「どちらも富や社会的地位の象徴として貴金属や宝石を使用している」(38.45％) である。高品質，高価格，美しい，悠久の歴史と文化などの特徴とあげられる。

12. あなたは「国潮」ブランドを買ったことがある。

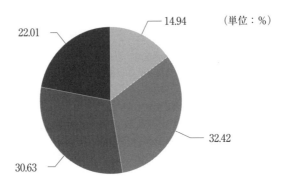

- A. 買ったことはない
- B. 買ったことはある。例えば，衣類，装飾品またはその他の日用雑貨
- C. 強い関心を持ち，時々購入または収集している
- D. 買ったことはないが，興味を持っている。今度買ってみたい

　近年のZ世代を中心に中国の伝統要素を取り入れた「国潮」ブランドを買ったことがあるかの質問に対して，「買ったことはある」は32.42％，「強い関心を持ち，時々購入または収集している」は30.63％に達し，両者を合わせると，6割以上の回答者が「国潮」ブランドを購入したことになり，「買ったことはないが，興味を持っている」(22.01％)を入れると，「国潮」ブランドが中国社会に高い認知度があったことがわかる。

13. あなたが思う「国潮」ブランドとラグジュアリーブランドとの共通点を教えてください（複数選択可）。

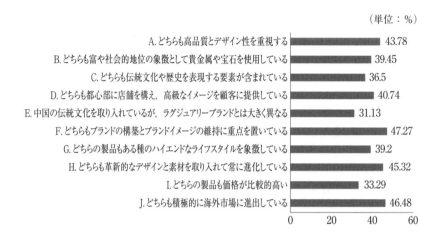

「国潮」ブランドとラグジュアリーブランドとの共通点に関して，「どちらもブランドの構築とブランドイメージの維持に重点を置いている」（47.27％），「どちらも積極的に海外市場に進出している」（46.48％），「どちらも高品質とデザイン性を重視する」（43.78％），「どちらも都心部に店舗を構え，高級なイメージを顧客に提供している」（40.74％）は上位回答になる。ブランドイメージの重視，海外進出，高品質，デザイン性の重視，高級感などは，「国潮」ブランドとラグジュアリーブランドとの共通点になる。

14. あなたが購入した「国潮」ブランドの種類を教えてください（複数選択可）。

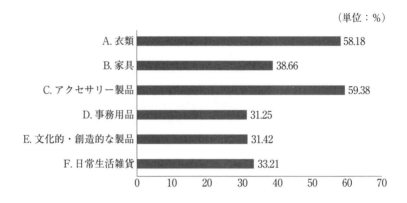

回答者のうち，購入した「国潮」ブランドはアクセサリー（59.38％），衣類（58.18％）が上位であり，両者ともに気軽に購入できることが特徴である。

15. あなたが受け入れられても良い「国潮」ブランドの価格を教えてください。

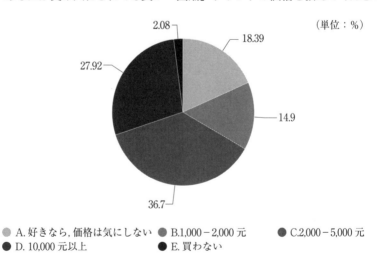

回答者が受け入れられる国潮ブランドの価格に関して，「2,000元－5,000元」は36.7％，「10,000元以上」は27.92％である。「好きなら，価格は気にしない」の18.39％を入れると，8割を超えてしまう。消費者は，「国潮」ブランドとラ

グジュアリーブランドとはさほど意識することなく，高い製品を買う傾向がうかがえる。

16. あなたが「国潮」ブランドに感じた魅力を教えてください（複数選択可）。

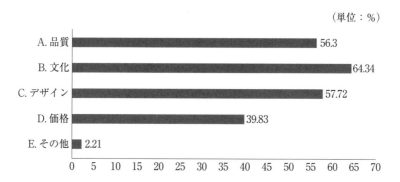

「国潮」ブランドの魅力に関して，中国の伝統要素を取り入れた「文化」に魅力を感じたのは，64.34％，また，デザインは57.72％，「品質」は56.3％である。「国潮」ブランドは広く消費者に認知されている実態をうかがい知ることができる。

続いて，第3部分では，消費者のラグジュアリーブランドの印象と購買行動に関する18問を設けた。特に回答者の①ラグジュアリーブランドの購入，②認知，③体験，④ラグジュアリーブランドの技術革新，⑤市場動向，⑥市場展望などは，回答者の意見を吸い上げやすくするための5段階評価を導入し，回答者のラグジュアリーブランドに対するイメージと購買行動との関係性を中立的な立場で評価してもらうのが目的である。

①ラグジュアリーブランドの購入に関しては，以下の回答内容があった。

17. あなたはラグジュアリーブランドを買ったことがある。

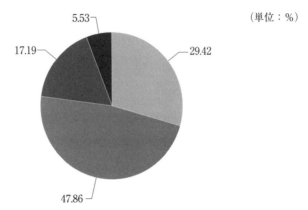

回答者のうち,「偶に買う」は47.86%,「時々買う」は29.42%,「めったに買わない」は17.19%の順であり,「買ったことはない」(5.53%)を除けば,9割以上の回答者はラグジュアリーブランドを買ったことがある。

18. あなたのラグジュアリーブランドの購入頻度を教えてください。

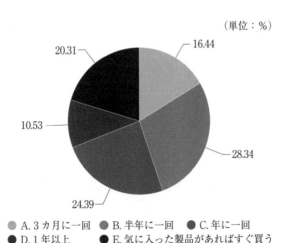

また,ラグジュアリーブランドの購入頻度に関して,「半年に一回」は28.34

％を筆頭に，「年に一回」(24.39％) が続き，購入頻度はさほど高くないといえる。一方，「気に入った製品があればすぐ買う」は 20.31％に達した。これは，ラグジュアリーブランド企業側に多様化，差別化した製品の開発と提供を求めていることを意味する。

19. あなたのラグジュアリーブランドに関する情報の入手ルートを教えてください (複数選択可)。

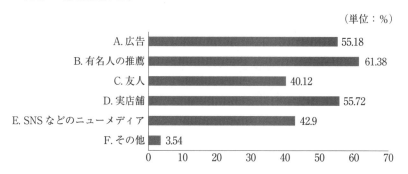

また，ラグジュアリーブランドに関する情報は，「有名人の推薦」は 61.38％，続いて「実店舗」(55.72％)，「広告」(55.18％) の順である。回答者は信頼できる公共メディア，または自分の目で確かめる方法でブランド情報を入手していることがわかる。

20. あなたのラグジュアリーブランドの購入方法を教えてください (複数選択可)。

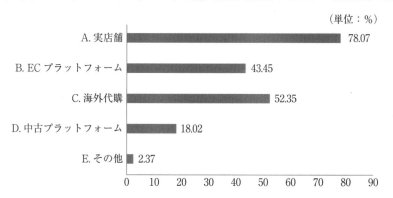

ラグジュアリーブランド情報の入手ルートと同様に，購入も実店舗で行うの
は78.07％に達した。また，海外旅行や海外在住の友人や知人に購入してもら
う比率は52.35％に達し，海外代購も主要購入ルートの一つであることがわかる。
また，近年越境ECプラットフォームでの購入に慣れた消費者は増えつつあり，
それがECプラットフォームでの利用率は43.45％に達した実績で説明される。

以下は，5段階評価を用いた質問である。①ラグジュアリーブランドの購入
に関する3問では，

21. 私はたくさんの資金を使ってラグジュアリーブランドを買う。

（単位：％）

とてもそう思わない：4.54

そう思わない：14.69

とてもそう思う：27.42

不明：25.59

そう思う：27.76

22．私は自分自身へのご褒美としてラグジュアリーブランドを買う。

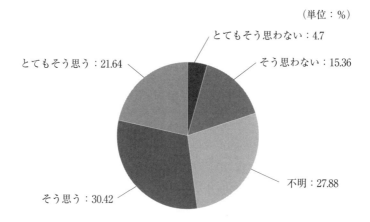

23．私は収入が増えるにしたがって，ラグジュアリーブランドの購入に多くの資金を使う。

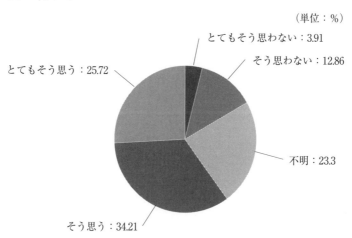

ラグジュアリーブランドの購入に多くの資金を使ったことに，「とてもそう思う」は27.42％，「そう思う」は27.76％で，両者を合わせると，5割以上の回答者がラグジュアリーブランドを好んで購入していることがわかる。一方，「とてもそう思わない」は4.54％，「そう思わない」は14.69％で，2割超の回答者

がラグジュアリーブランドの購入に積極的でないことになる。この結果は、質問17のラグジュアリーブランドの購入に対して、「めったに買わない」(17.19％)、「買ったことはない」(5.53％)とほぼ同じ比率であり、回答の有効性が確認された。

また、自分自身へのご褒美としてラグジュアリーブランドを買うことに対して、「とてもそう思う」は21.64％、「そう思う」は30.42％で、5割超の回答者がラグジュアリーブランドは自分へのご褒美として購入することがわかる。

本調査回答者の7割以上が女性であることから、自分へのご褒美は女性が多数を占めていると推測される。反対に「とてもそう思わない」は4.7％、「そう思わない」は15.36％で、2割の人が積極的にラグジュアリーブランドを購入しない層は、相対的にラグジュアリーブランドへの関心が低い男性回答者であることが推測される。

そして、収入増とラグジュアリーブランドとの関係性は、「とてもそう思う」は25.72％、「そう思う」は34.21％で、約6割の回答からその正の関係性が確認される。反対にそう思わない人は約2割にとどまり、男性回答者が2割超を占めるとは一定の関係性があるといえる。

②ラグジュアリーブランドの認知に関しては、以下の回答内容が得られた。

24. ラグジュアリーブランドを持つことは私の社会的地位の向上に役立つ。

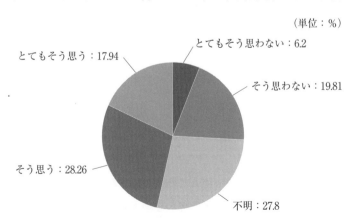

25. ラグジュアリーブランドの購入は私の生活の質の向上に役立つ。

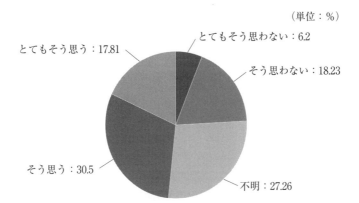

ラグジュアリーブランドと社会的地位の関係性は,「とてもそう思う」は17.94％,「そう思う」は28.26％で,約5割の回答者がその関係性に同意する結果となる。一方の「とてもそう思わない」は6.2％,「そう思わない」は19.81％で,約3割の回答者がその関係性に賛同できない結果となる。

また,ラグジュアリーブランドと生活の質との関係性については,「とてもそう思う」は17.81％,「そう思う」は30.5％である。約5割の回答者から,両者の正の関係性が認められる結果となる。一方,「とてもそう思わない」は6.2％,「そう思わない」は18.23％で,ブランドと生活の質に関係性がないと思う人は24.43％に達した。

③ラグジュアリーブランドの体験に関しては,以下の回答内容が得られた。

26. 私は好きなラグジュアリーブランドの利用に満足を感じている。

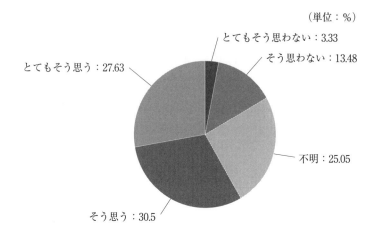

27. 私は好きなラグジュアリーブランドのアフターサービスに満足を感じている。

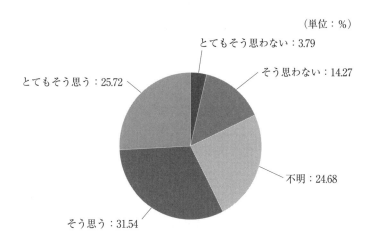

　ラグジュアリーブランドに対する満足度は，「とてもそう思う」は27.63％，「そう思う」は30.5％で，約6割の回答者から高い満足度を得ていることがわかる。また，満足度が低い回答は16.81％にとどまり，中国消費者のラグジュアリー

ブランドに高い満足度を示した結果になる。

ラグジュアリーブランドに対する満足度は，アフターサービスにも密接な関係がある。アフターサービスの満足度に関する回答では，「とてもそう思う」は25.72％，「そう思う」は31.54％で，約6割の回答者がアフターサービスにも高い満足度があったことが分かる。

④ラグジュアリーブランドの技術革新に関しては，以下の回答内容が得られた。

28. ラグジュアリーブランドの技術革新は競争力を生み出す最も重要な要因だと思う。

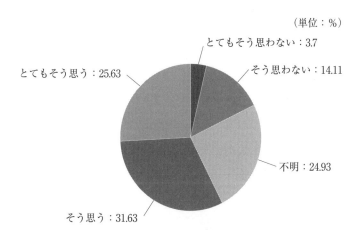

29. ラグジュアリーブランドの技術革新は製品を購入する際の重要な判断材料になる。

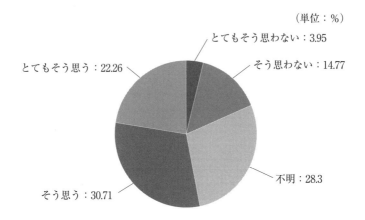

30. デザインも機能も革新的なラグジュアリーブランドを試してみたい。

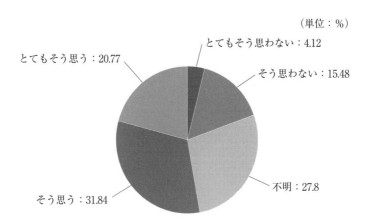

　技術革新は,「競争力を生み出す最重要要因」「製品を購入する際の重要な判断材料」という質問に対して,回答者は軒並みに5割以上の賛同意見を回答し,技術革新,なかでも中国の伝統要素を取り入れた製品への期待が含まれていると推測される。なぜなら,7割以上の回答者が中国の伝統文化要素を取り入れたラグジュアリーブランに関心がある(質問10)との回答があったからである。

一方，技術革新に不明と回答した人も2割以上を占めたことは，ラグジュアリーブランドに関心が低い層（質問17 ラグジュアリーブランドは「めったに買わない17.19%」「買ったことはない5.53%」）とほぼ同率で説明される。

また，革新的なラグジュアリーブランドを試してみたいと回答したのも5割以上を占めた。これは，技術革新に賛同する者と同率になり，ラグジュアリーブランドの技術革新，特に中国の伝統要素を導入した製品を試したい人は多数を占めると推測される。

⑤ラグジュアリーブランドの市場動向に関しては，以下の回答内容が得られた。

31．私はラグジュアリーブランドの市場動向にとても詳しい。

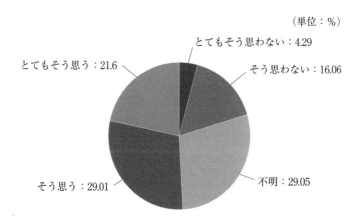

32. 私は様々なチャネルを通じて好きなラグジュアリーブランドの最新動向を把握する。

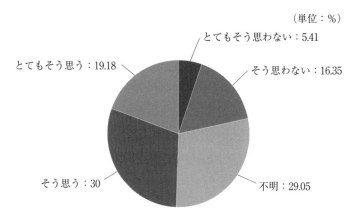

ラグジュアリーブランドの市場動向に詳しいかに関する質問では，「とてもそう思う」は21.6％，「そう思う」は29.01％で，5割を超える回答者が市場動向に強い関心をもっていることがわかる。一方，市場動向に無関心者も5割近くいる。

また，ラグジュアリーブランドの最新動向に関して，約5割の人が様々なチャネルを通じて，市場動向を把握しようとし，潜在的ラグジュアリーブランドの購入層であることがわかる。

⑥ラグジュアリーブランドの市場展望に関しては，以下の回答内容が得られた。

33. ラグジュアリーブランド市場は今後も成長し，より革新的な製品が提供される。

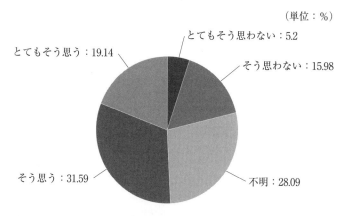

34. ラグジュアリーブランド市場における消費者の多様化と差別化を求める傾向はより強くなる。

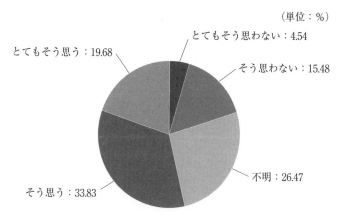

　より革新的な製品や，製品の多様化・差別化を求める回答者はそれぞれ5割を超えたことから，消費者の成熟を通じて，中国の高級品市場はより高度化に向けて成長していく可能性があるといえる。

第3節　調査結果のまとめ

　既述のように，本調査は，序章で立てた3つの仮説の有効性を検証するため

134

の実証データを集めることが目的である。調査は３つの部分に分けて，回答者の属性，ラグジュアリーブランドと中国の伝統宝飾文化や「国潮」ブランドとの関係性，そして，消費者のラグジュアリーブランドの印象と購買行動に関する情報を集めた。

第１部分の調査結果の概要は，図表７−１にまとめられる。

図表7-1　消費者ラグジュアリーブランド意識調査概要（第１部分）

質問	属性	回答概要
1	性別	・男性 25.05%，女性 74.95% ・高級消費財の主要消費者は女性の可能性
2	年齢	・35-44 歳 67.04%，25-34 歳 27.17% ・ミレニアル世代と Z 世代がブランド市場をリード
3	職業	・会社員 40.53%，自由業 38.58% ・会社員と自由職は高級消費財の消費をリードする可能性
4	居住地	・一線都市 44.94%，二線都市 36.54% ・高級消費財の消費者は高所得の都市部に在住の可能性
5	学歴	・大卒 46.28% ・大卒者は高級消費財の主要利用者の可能性
6	年収	・50-100 万元 34.29%，100 万元以上 14.61% ・約５割の回答者が高い所得を得ている

出所：筆者作成

第１部分の回答から，中国におけるラグジュアリーブランドの消費をリードする層は，主として都市部に在住するミレニアル世代の大卒者で，年収は50-100万元の経済的に自立した女性という，イメージ像を推測することができる。

また，第２部分の回答（図表7-2）では，消費者はラグジュアリーブランドに高い認知度を有し，高貴，豪華，贅沢，上質な素材などのブランドの特徴への高い理解力につながる内容である。一方，消費者は中国の伝統的宝飾文化と西洋のラグジュアリーとの融合を違和感なく受け入れ，両者の共通点である高品質，高価格，美しいデザイン，洗練されたイメージなどがあげられた。そして，中国の伝統要素を取り入れた国潮ブランドなどにも高い認知度があり，ブランドイメージが良い，海外進出，高品質とデザイン性などの共通点があげられた。これらは，中国の高級消費財市場における既存製品市場の拡大および，

第7章　ラグジュアリーブランドに関する消費者意識調査　135

図表 7-2　消費者ラグジュアリーブランド意識調査概要（第 2 部分）

質問	ブランドと 中国伝統要素	回答概要
7	知っている ブランド	・主要高級ブランドに高い認知率 ・特にロレックスやシャネルに 6 割を超える認知率
8	高級ブランド の印象	・高貴，豪華，贅沢，上質な素材など ・消費者が高級ブランドの特徴をよく理解する
9	中国の伝統的 宝飾文化	・中国の伝統宝飾文化に 6 割を超える認知度 ・西洋のラグジュアリーを受容しやすい
10	中国要素を取り 入れたブランド	・7 割以上が中国伝統要素を取り入れたブランドに関心 ・潜在的な購買層につながる
11	宝飾文化とラグ ジュアリーの共 通点	・高品質，高価格，美しいデザイン，洗練されたイメージなど ・ラグジュアリーブランドを受け入れやすい背景
12	国潮ブランドを 買った	・6 割以上が「国潮」製品を購入 ・伝統要素と現代トレンドの融合に好意的
13	国潮ブランドと ラグジュアリー ブランドとの共 通点	・ブランドイメージが良い，海外進出，高品質とデザイン性など ・高級ブランドに負けない国潮ブランドのイメージ
14	購入した 国潮ブランド	・アクセサリー，衣類など ・手軽に購入できるのが特徴
15	受け入れられる 国潮ブランドの 価格	・2,000 元 - 5,000 元，10,000 元以上が主流 ・高い国潮ブランドに前向き
16	国潮ブランドの 魅力	・伝統要素を取り入れた，デザイン，品質など ・国潮ブランドは高級ブランドに遜色ない

出所：筆者作成

　中国の伝統要素を取り入れた新規製品市場における開発と供給の可能性があることがわかり，今後，中国の高級消費財市場の持続的な発展につながる調査結果になるといえる。

　そして，第 3 部分（図表 7-3）は，消費者のラグジュアリーブランドの印象と購買行動に関する回答から，以下の概要がまとめられる。

● 9 割以上の回答者はラグジュアリーブランドを購入したことがある。

　消費者はラグジュアリーブランドに高い支持率を有していることがわかる。

● 購入頻度は，半年または年に一回の頻度が 3 割程度である。

図表7-3 消費者ラグジュアリーブランド意識調査概要（第3部分）

17	買ったことがある	・9割以上の回答者はブランドを買った ・ラグジュアリーブランドに高い支持率
18	購入頻度	・半年に一回28.34%，年に一回24.39% ・購入頻度はさほど高くない
19	購入情報の入手	・有名人の推薦，実店舗，広告など ・購入者は信頼できる情報を入手希望
20	購入方法	・実店舗，海外代購，ECプラットフォームなど ・購入方法が多様化
21	購入に多くの 資金を使った	・5割以上の回答者がそう思う ・積極的に購入する人は多数
22	購入は自分自身へ のご褒美	・5割以上の回答者がそう思う ・7割以上が女性回答者のため，そう思う女性は多数
23	収入増と購入の 関係	・約6割の回答から正の関係性を確認 ・7割以上が女性回答者のため，そう思う女性は多数
24	社会的地位の向上 に役立つ	・約5割の回答者がその関係性に同意 ・高級消費財は利用者の社会的地位の向上に有効
25	生活質の向上に 役立つ	・約5割の回答者がその関係性に同意 ・高級消費財は利用者の生活質の向上に有効
26	ブランド利用に 満足感	・約6割は高い満足度 ・ブランドは利用者の自己優越感に刺激効果
27	アフターサービス に満足感	・約6割の回答者がアフターサービスにも高い満足感 ・アフターサービスの重要性が再確認
28	技術革新は競争力 を生み出す	・5割以上は賛同意見 ・中国伝統要素を取り入れた製品の重要性を再確認
29	技術革新は購入の 判断材料	・5割以上の回答者は賛同意見 ・中国伝統要素を取り入れた製品の重要性を再確認
30	革新的なブランド を試したい	・5割以上は賛同意見 ・中国伝統要素を取り入れた製品の重要性を再確認
31	ブランド市場動向 に詳しい	・5割以上が市場動向に強い関心 ・中国高級市場の潜在性を感じさせる
32	常に最新動向を 把握する	・5割以上が市場動向に強い関心 ・中国高級市場の潜在性を感じさせる
33	今後も革新的な 製品の提供	・5割以上が市場動向に強い関心 ・消費者の高いブランド志向を示す
34	多様化と差別化を 求める	・5割以上が市場動向に強い関心 ・消費者のブランド嗜好が多様化，差別化へ

出所：筆者作成

高価な消費財のため，頻繁に購入できないという消費現状に合った回答といえる。

● 購入情報と購入方法は，有名人の推薦，実店舗，広告などを見てから，実店舗，海外代購，EC プラットフォームなどで購入する。
  購入前に市場調査を行い，信頼できるルートを通じて購入している現状がわかる。

● 自己資金を使い，自分へのご褒美として，所得の増加に従って積極的に購入している。
  この事実から，今後も継続的に購入する可能性が高いと推測される。

● ラグジュアリーブランドは社会的地位，生活の質の向上と正の関係にある。
  消費者はラグジュアリーブランドの価値を十分に認識しているといえる。

● ブランドに高い満足度，アフターサービスにも満足度がある。
  この高い満足度は，今後中国高級品市場の発展を支える原動力になるといえる。

● ブランドの技術革新に高い支持があった。
  回答者は常に洗練された新しいデザインの製品を求める傾向がある。なかでも，中国の伝統要素とブランドを融合した製品に強い関心があると推測される。

● 市場の最新動向に常に高い関心を持っている。
  消費者は革新的な製品や，多様化，差別化された製品を追い求めていることを示唆する。

　上記の消費者の利用動向に対して，ラグジュアリーブランド企業や，「国潮」ブランド企業は，消費者のニーズに合った既存製品の供給拡大と，新規製品の研究開発が求められる。これは，今後，中国の高級品市場の発展と，消費者が高い満足度を持続させていくための重要な課題になるといえよう。

第8章	消費者とラグジュアリーブランド企業との価値共創の検証

　これまでの各章では，中国の高級品市場における消費者とラグジュアリーブランド企業との価値共創に関する予備的考察を行ってきた。本章は，消費者意識調査で得た情報をもとに，消費者とラグジュアリーブランド企業との価値共創に関する仮説の有効性の検証を行う。合わせて，共分散構造分析（SEM モデル Structural Equation Modeling）を用いて，消費者のラグジュアリーブランドの購入指向，ライフクオリティ，ブランド探索，ブランド展望などの要素がどのように影響しあっているかを分析し，本書の仮説を実説にするための確認作業を行う。

第1節　統計手法の導入

　仮説の検証は，「相関分析」「分散分析」「線形回帰分析」「カイ二乗検定」などの統計手法を導入する。また，消費者のラグジュアリーの購入と市場動向の影響に関する分析は SEM モデル（共分散構造分析）を活用する。複数の統計手法の導入は，最適な検証結果を得るためである。これらの統計手法の組み合わせと目的は下記のように説明する。

① 分散分析

　3つ以上のサンプルの平均値に顕著な違いがあるかどうかを比較し，それは全体の分散を異なる源の分散に分解することで，グループ間の差が顕著かどうかを判断する。社会人口学的特性（年齢，収入階層など）の違いが，消費需要に顕著な差異行動をもたらすかどうか，ラグジュアリー購入における消費者層の行動パターンを明らかにする（仮説1）。

② 相関分析

2つの要素が「どの程度同じような動きをするか」という要素間の関係性を明らかにする手法。「正の相関」「負の相関」「無相関」の3種類に大別される。ピアソン相関係数，スピルマン相関係数，判定係数などの指標を使って測定する。ラグジュアリーブランド企業が消費者のニーズを満たすために開発・供給した製品が，消費者とブランド企業との価値共創を促進するか否かの検証に活用する（仮説1）。また，消費者とラグジュアリーブランド企業との価値共創活動が高級品市場の発展を効果的に促進できるかを検証する（仮説3）。

③ 線型回帰分析

2つ以上の量的変数間の関係を直線的な（線形）式で表す手法。予測したい情報を目的変数（従属変数），原因と考えられる情報を説明変数（独立変数）と呼ぶ。消費者の購買判断に最も影響を与える要因を明らかにし，ラグジュアリーブランド企業の市場戦略をより適切に調整する（仮説1）。

技術革新，ブランド体験，ブランド認知，ブランド態度と市場動向との影響関係を分析する（仮説3）。

④ カイ二乗検定

2つ以上の分類基準を持つクロス集計表において，分類基準間に関連があるかどうかを検定する。既存製品市場と新規製品市場における消費者の好みとニーズを確認し，両市場における消費者の購買決定に影響を与える異なる要因を明らかにする（仮説2）。

⑤ 共分散構造分析

互いに関連を持つ複数の要素間の関係性やその程度をモデル化する分析。複雑でよくわからなかったデータ同士の関係性がひと目で理解できる。消費者のラグジュアリーブランドの購入指向，ブランド探索，ライフクオリティ，ブランド展望などの要素間の関係性と程度の測定に活用する。（本章第3節）

第2節　価値共創に関する仮説の検証

　以下で，本書が立てた3つの仮説への検証を行う。各仮説は下記の通り。

　仮説1：中国の高級品市場における消費者とラグジュアリーブランド企業との価値共創の可能性がある。

　仮説2：消費者とラグジュアリーブランド企業との価値共創は，既存製品市場と新規製品市場という2つの市場を通じて行われる。

　仮説3：消費者とラグジュアリーブランド企業との価値共創を通じて，中国の高級品市場に新たな価値を創出し，世界の高級品市場の発展をリードしていく可能性がある。

仮説1の検証

　消費者とラグジュアリーブランド企業との価値共創の可能性に関して，①消費者のラグジュアリーへの需要の強さ，②ラグジュアリーブランド企業が消費者のニーズを満たすために開発・供給した製品が，中国の高級品市場における消費者とブランド企業との間の価値共創を促進するか，という2段階を通して検証を行う。

　まず，消費者のラグジュアリー需要の強さに関する分散分析では，消費者が自身のラグジュアリー品の購買力を評価した平均値は4.327で，有効平均値の4〜5であるため，消費者がラグジュアリーに対して強い購買意欲を持っていることが認められる。

項目	サンプルサイズ	最小値	最大値	平均値	標準偏差	中央値
購買力	2403	2.000	5.000	4.327	0.737	4.667

　また，異なる年齢層の購買力の顕著性を各グループの平均値で見ると，「25-34歳＞18歳以下，35-44歳＞18歳以下，45-54歳＞18歳以下，25-34歳＞35-44歳，25-34歳＞45-54歳」という結果が得られ，25-34歳の購買力が最も強いことがわかる。

年齢 (平均値)	18歳以下 ($n=17$)	18-24歳 ($n=48$)	25-34歳 ($n=657$)	35-44歳 ($n=1609$)	45-54歳 ($n=61$)	55-64歳 ($n=7$)	65歳以上 ($n=4$)
購買力 (±標準偏差)	3.88 ± 1.21	4.33 ± 0.84	4.51 ± 0.67	4.26 ± 0.74	4.28 ± 0.78	4.33 ± 0.61	3.83 ± 0.19

　そして，収入対購買力では，比較的顕著な差があるグループの平均値を比較すると，「30-50万元＞10-30万元，10-30万元＞100-200万元，10-30万元＞200万元以上，30-50万元＞100-200万元，30-50万元＞200万元以上，50-100万元＞100-200万元，50-100万元＞200万元以上」となる。すなわち，50-100万元の消費者がラグジュアリー購買に最も意欲的であることがわかる。

収入 (平均値)	10-30万元 (n=742)	30-50万元 (n=303)	50-100万元 (n=183)	100-200万元 (n=824)	200万元以上 (n=351)
購買力 (±標準偏差)	4.40 ± 0.67	4.50 ± 0.68	4.51 ± 0.76	4.19 ± 0.78	4.26 ± 0.74

　上記のように，消費者のラグジュアリーの需要は，年齢別と収入別ではいずれも高い傾向を示し，なかでも，年齢は25-34歳，収入は50-100万元の消費者層が最も強い傾向を示している。

　続いて，企業が開発・供給した製品の価値共創を促進するかに関して，購買力とブランド態度，ブランド体験，技術革新，市場動向の4項目の相関関係をピアソン相関係数で検証すると，次のことがわかる。

　購買力対ブランド態度の相関値は0.447であり，同ブランド体験は0.493，技術革新は0.459，市場動向は0.412である。いずれの相関係数は$p<0.05$と$p<0.01$の条件を満たし，顕著な正の相関関係があることがわかる。

項目	購買力
ブランド態度	0.447**
ブランド体験	0.493**
技術革新	0.459**
市場動向	0.412**

*$p<0.05$　**$p<0.01$

これらを踏まえて，さらにブランド態度，ブランド体験，技術革新，市場動向などがどのように購買力に作用するかを線形回帰分析で行うと，ブランド態度の回帰係数値は 0.200，ブランド体験は同 0.246，技術革新は 0.188，市場動向は 0.118 が得られ，いずれの値も有意な正の関係を示している。

	非標準化系数		標準化系数	t	p	共線形診断	
	B	標準誤差	$Beta$			VIF	容忍度
常数	0.950	0.075	–	12.721	0.000**	–	–
ブランド態度	0.200	0.018	0.213	11.160	0.000**	1.359	0.736
ブランド体験	0.246	0.020	0.251	12.274	0.000**	1.549	0.646
技術革新	0.188	0.021	0.186	9.132	0.000**	1.545	0.647
市場動向	0.118	0.019	0.122	6.134	0.000**	1.465	0.682
R^2				0.355			
調整 R^2				0.354			
F				$F(4, 2398) = 329.370,\ p = 0.000$			
D–W 値				1.924			

変数：購買力　*$p<0.05$　**$p<0.01$

これは，ブランド態度，ブランド体験，技術革新，市場動向などのすべての要素は，消費者の購買力にプラスの影響を及ぼし，ラグジュアリーブランド企業は，消費者のニーズに応えるために，製品の開発と供給体制を有効に構築させていることを意味する。また，消費者はブランド態度，ブランド体験，技術革新，市場動向などを通して，購買力を増強しているといえる。これらは，消費者とラグジュアリーブランド企業の間の価値共創という仮説の有効性が認められたと結論づけができる。

仮説 2 の検証

価値共創は既存製品市場と新規製品市場を通じて行われるという仮説に対して，カイ二乗検定を用いて検証を行う。まず，「ラグジュアリーブランドを購入したことがあるか」と「国潮ブランドを購入したことがあるか」という 2 つの変数に関して，「ラグジュアリーブランドを購入したことがあるか」は，既

存製品市場における消費者の購買行動の選択を表し、「国潮ブランドを購入したことがあるか」は、新規製品市場における消費者の購買行動の選択を表す。実際に「ラグジュアリーブランドを購入するか」と「国潮ブランドを購入するか」の差異関係を示す p 値は 0.907 が得られ、両者の有意性を示さないことがわかる。

テーマ	項	ラグジュアリーブランドを購入した経験があるか (%)		総計	χ^2	p
		はい	いいえ			
国潮ブランド購入	はい	447 (63.22)	1068 (62.97)	1515 (63.05)	0.014	0.907
	いいえ	260 (36.78)	628 (37.03)	888 (36.95)		
総計		707	1696	2403		

$^{*}p<0.05$　$^{**}p<0.01$

　すなわち、「ラグジュアリーブランドを購入するか」は「国潮ブランドを購入するか」に影響を及ぼさず、消費者のラグジュアリーブランドを購入する意欲と国潮ブランドを購入する意欲とは関係性を持たないことを意味する。したがって、既存製品市場または新規製品市場の一方的な開発は、他方の発展を効果的に促進することはできず、既存製品市場と新規製品市場の共同開発こそ、消費者とラグジュアリーブランド企業との価値共創の可能性が生まれると言い換えられる。

　続いて、「国潮ブランドを購入するか」と「中国要素ラグジュアリーの消費者を引き付ける要因」のクロス関係を検証すると、「中国要素ラグジュアリーの消費者を引き付ける要因」の品質、文化、デザイン、価格、その他の5要素のうち、品質の「はい」58.22％対「いいえ」53.04％、文化は同69.70％対52.48％という結果が得られる。つまり、国潮ブランドを購入する消費者は、製品の品質と文化的効果をより重要視し、新規製品市場における品質の向上と中国文化要素の重要性を求めていることを意味する。

項目	国潮ブランド購入 (%)		まとめ ($n = 2403$)
	はい ($n = 1515$)	いいえ ($n = 888$)	
品質	882 (58.22)	471 (53.04)	1353 (56.30)
文化	1056 (69.70)	466 (52.48)	1522 (63.34)
デザインセンス	876 (57.82)	511 (57.55)	1387 (57.72)
価格	610 (40.26)	347 (39.08)	957 (39.83)
その他	26 (1.72)	27 (3.04)	53 (2.21)

カイ二乗検定：$\chi^2 = 21.203$　$p = 0.000$

　さらに，「ラグジュアリーブランドを購入するか」と「ラグジュアリーブランドの消費誘引要素」のクロス関係をみると，ラグジュアリーブランドが消費者を誘引する8つの要素に対して，「高貴の象徴」の「はい」58.77％対「いいえ」44.36％，「上質な素材」は同55.95％対41.35％，「独特なブランド文化を有する」は同40.79％対27.82％，「豪華且つ贅沢」は同54.14％対33.83％，「洗練された人に最適」は同39.43％対24.81％という結果が得られる。

項目	はい ($n = 2270$)	いいえ ($n = 133$)	まとめ ($n = 2403$)
高貴の象徴	1334 (58.77)	59 (44.36)	1393 (57.97)
高価格	703 (30.97)	43 (32.33)	746 (31.04)
職人による高品質の手作り品	969 (42.69)	61 (45.86)	1030 (42.86)
上質な素材	1270 (55.95)	55 (41.35)	1325 (55.14)
独特なブランド文化を有する	926 (40.79)	37 (27.82)	963 (40.07)
豪華且つ贅沢	1229 (54.14)	45 (33.83)	1274 (53.02)
洗練された人に最適	895 (39.43)	33 (24.81)	928 (38.62)
有名人に歓迎される	827 (36.43)	54 (40.60)	881 (36.66)

カイ二乗検定：$\chi^2 = 19.190$　$p = 0.008$

　8つの項目のうち，5つの項目は消費者のラグジュアリーブランドの購入要因になっており，中国の消費者のラグジュアリーブランドを購入したい強い意欲を示しているといえる。これは，同時に消費者が重視するこれらの要素を企業の製品開発に求められていることを意味する。

　上記の検証結果から，消費者のラグジュアリーブランドの購入意欲と国潮ブランドの購入意欲とは無関係であることは，国潮ブランドの開発が新規製品市

場の開発とは異なるトレンドを示すと説明される。しかし，国潮ブランドを好む消費者が製品の品質と中国の伝統文化をより重視していることは，新規製品市場において，消費者が製品品質の向上と中国の文化要素を求めていることとは同じ方向性であると結論づけされる。一方の既存製品市場において，消費者は，ラグジュアリーのアイデンティティ効果や，高品質，独自の文化，洗練さなどのラグジュアリーブランドが持つ性質を求めており，中国の消費者のラグジュアリーブランドの購買誘因は，ラグジュアリーが持つ価値に対して，消費者が充分に理解し求めているといえる。これは，消費者と企業との価値共創は，この2つの市場を通して行われていく可能性があるという仮説の有効性が認められたといえる。

仮説3の検証

　中国の高級品市場の発展により，世界の高級品市場の発展をリードしていく可能性に関する検証は，まず消費者のブランド態度，ブランド体験，ブランド認識，技術革新などの要素を独立変数として選定し，同時に市場動向を目的変数に設定する。この設定は，消費者とブランドの相互作用のあらゆる側面が市場発展に及ぼす影響を探ることを目的とする。次に，相関分析を用いて各独立変数と目的変数の関係を個別に考察する。このステップの目的は，どのような要因が市場動向と有意な関連性があるかを識別することである。つまり，消費者のブランドに対する態度の変化が将来の市場トレンドにどのように影響するか，または技術革新がどの程度市場動向に変化を促すことができるかを分析する。そして，目的変数と有意に関連する独立変数を線形回帰方程式に組み入れて，これらの変数が市場動向に対するシナジー効果をさらに分析する。

　市場動向に対して，技術革新，ブランド体験，ブランド認知，ブランド態度の4項目に対する相関関係の強弱を表している。市場動向は，技術革新との間の相関数値は0.474，ブランド体験は0.460，ブランド認知は0.451，ブランド態度は0.407をそれぞれ示し，市場動向と各項目との間にいずれも正の相関関係が得られる。

項目	市場動向
技術革新	0.474**
ブランド体験	0.460**
ブランド認知	0.451**
ブランド態度	0.407**

$^*p<0.05$　$^{**}p<0.01$

　そして，技術革新，ブランド体験，ブランド認知，ブランド態度を独立変数として，そして市場動向を目的変数として線形回帰分析を行うと，技術革新の回帰係数値は0.239，ブランド体験は0.187，ブランド認知は0.199，ブランド態度同0.145である。各項目はいずれも市場動向に有意なプラスの影響関係を示す。

	非標準化係数		標準化係数	t	p	共線係診断	
	B	標準エラー	$Beta$			VIF	許容度
常数	0.769	0.078	–	9.883	0.000**	–	–
技術革新	0.239	0.021	0.230	11.320	0.000**	1.511	0.662
ブランド体験	0.187	0.021	0.185	8.903	0.000**	1.575	0.635
ブランド認知	0.199	0.021	0.195	9.681	0.000**	1.477	0.677
ブランド態度	0.145	0.019	0.151	7.772	0.000**	1.372	0.729
R^2			0.343				
調整 R^2			0.342				
F			$F(4,2398)=313.384,\ p=0.000$				
D-W 値			1.996				

従属変数：市場動向，$^*p<0.05$　$^{**}p<0.01$

　上記を総括すると，技術革新，ブランド体験，ブランド認知，ブランド態度などのすべての項目が市場動向に顕著なプラスの相関を示すことは，需要側の消費者はラグジュアリーブランドの歴史と文化，ラグジュアリーブランドの最新働向などの理解を深め，ブランドに対する高い認知度があるといえる。一方の供給側のラグジュアリーブランド企業は革新的な製品の開発と市場への供給を通じて，消費者のブランド体験とブランド態度を高めることができる。つま

り，需要と供給の双方が協力しあい，価値共創を通じて，中国の高級品市場における持続的な拡大にその可能性をもたらすことが期待される。そして，中国は世界最大の高級品市場への成長を通じて，グローバル市場の発展を牽引していくという仮説の妥当性が認められる。

そして，上記の3つの仮説に対する検証の結果はいずれもその有効性が認められたという事実から，本書が立てた3つの仮説は実説であるといえよう。

第3節　SEMモデルによる仮説の再検証

SEMモデルは，「共分散構造分析」とも呼ばれ，因果関係の仮説を項目間を矢印で結んだパス図と呼ばれる図で表し，項目間の関係の強さを表すパス係数と呼ばれる値が求められ，パス図の矢印線上に記載される。同分析手法を通じて，互いに関連を持つ複数の要素間の関係性やその程度の因果関係を解明し，複雑なデータ同士の関係性をわかりやすくする効果が期待される。

モデルの活用に当たって，本書では，先ず構成概念の整理を行う。つまり，消費者意識調査の各設問のうち，消費者の購買動向に最も影響を与えやすいと考えられる5段階評価を用いた設問21から34において，

1) 構成概念1は，「購入指向」と名付け，設問21，22，23からなる。

2) 構成概念2は，「ライフクオリティ」と名付け，設問24，25からなる。

3) 構成概念3は，「ブランド探索」と名付け，設問31，32からなる。

4) 構成概念4は，「ブランド展望」と名付け，設問33，34からなる。

そして，これらの4つの構成概念をもとに，消費者によるラグジュアリーブランド購入に関するSEMモデルパス図は，図表8-1のように示される。

また，各構成概念間の因果関係の強弱を示すパス係数（図表8-2）から，いずれの係数も構成概念と強い因果関係を有していることがわかる。この統計分析の結果から，以下の関係性を説明することができる。

まず，「購入指向」のうち，消費者が「たくさんの資金を使う」「自分へのご褒美に使う」「収入が増えるにしたがって多くのカネを使う」などのラグジュアリーの購入指向に対して，ラグジュアリーの購入は「生活の質の向上」「社

図表8-1 消費者ラグジュアリーブランド購入パス図

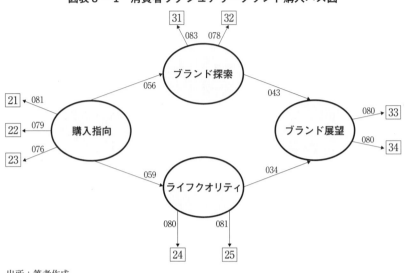

出所:筆者作成

会的地位の向上」という「ライフクオリティ」と強い因果関係を示したことは，消費者がラグジュアリーを購入すれば，自分自身の生活の質や社会的地位の向上に役立つという明確な認識を有していると理解される。そして，消費者がラグジュアリーに対して，明確な購入動機があるため，今後も需要が拡大し続けていくと読み取れる。この意味から，今後も企業に消費者のニーズに合った製品を開発し，提供し続けることが求められるので，消費者とラグジュアリーブランド企業との価値共創が需要と供給の一致から生まれるという仮説1は，改めて確認された。

また，「ブランド探索」に関して，「市場動向に詳しい」「最新動向を把握する」ということは，消費者が常に市場の変化に注目し，自分に合ったラグジュアリーを求めようとしていることである。これにより，「購入指向」と「ブランド探索」とのパス係数が強い相関性を示したことは，消費者が既存製品市場と新規製品市場のどの市場においても，自分の好みに合った商品を探し求め続けていることを意味する。中国の高級品市場が持続的な発展を目指すには，多

第8章 消費者とラグジュアリーブランド企業との価値共創の検証 149

図表8-2　SEM分析モデルのパス係数

構成概念			パス係数
ライフクオリティ（構成概念2）	<--	購入指向	0.587
ブランド探索（構成概念3）	<--	購入指向	0.555
ブランド展望（構成概念4）	<--	ブランド探索	0.43
ブランド展望（構成概念4）	<--	ライフクオリティ	0.34
@21.　私はたくさんの資金を使ってラグジュアリーブランドを買う	<--	購入指向	0.808
@22.　私は自分自身へのご褒美としてラグジュアリーブランドを買う	<--	購入指向	0.793
@23.　私は収入が増えるにしたがって，ラグジュアリーブランドに多くのカネを使う	<--	購入指向	0.758
@24.　ラグジュアリーブランドを持つことは私の社会的地位の向上に役立つ	<--	ライフクオリティ	0.804
@25.　ラグジュアリーブランドの購入は私の生活の質の向上に役立つ	<--	ライフクオリティ	0.81
@31.　私はラグジュアリーブランドの市場動向にとても詳しい	<--	ブランド探索	0.825
@32.　私は様々なチャンネルを通じてラグジュアリーブランドの最新動向を把握する	<--	ブランド探索	0.778
@33.　ラグジュアリーのランド市場は今後も成長し，より革新的な製品が提供される	<--	ブランド展望	0.797
@34.　ラグジュアリーブランド市場における消費者の多様化と差別化の傾向がより強くなる。	<--	ブランド展望	0.804

注）パス係数は全て $p < 0.01$

　様化された消費者のニーズに応え続けることが前提条件である。そのため，西洋発のラグジュアリーの伝統を継承し続ける製品および，中国の伝統文化を取り入れたラグジュアリー製品という双方の市場において開発と提供をし続けることは，企業にとって何よりも重要である。つまり，消費者と企業との価値共創は，既存製品市場と新規製品市場という2つの市場を通じて行われるという仮説2の有効性が証明されたことになる。

　さらに，「ブランド展望」は，消費者が「革新的な製品」「多様化，差別化された製品」を求めていることである。それが「ライフクオリティ」との間に強い因果関係を示したことは，消費者が既存製品市場と新規製品市場のどちらに

おいても，革新的かつ多様化，差別化された製品の購入が自分の生活の質の向上に有効であるという認識を持っていることを意味する。これは，「ブランド探索」と「ブランド展望」においても強い相関関係を有することと同じ意味で理解される。つまり，消費者が，常に自分のニーズに合った製品を探索し続けていることである。これらの消費者のニーズに応え続ける企業の努力があれば，中国の高級品市場は今後も持続的な発展を通じて，グローバル市場の発展をリードしていくことも期待される。すなわち，本書の仮説3に当てはまる結果になるといえよう。

　上記のように，消費者意識調査の結果をもとに，「購入指向」「ライフクオリティ」「ブランド探索」「ブランド展望」という概念間の相関関係の分析を通じて，本書の3つの仮説の妥当性を再度確認されたのである。

終章 持続可能な高級品市場の発展を目指して

　本書は，消費者とラグジュアリーブランド企業との価値共創のメカニズムを検証した。検証結果の有効性を立証するために，本書は先に文献研究を通じて，伝統的に宝飾文化を有する中国の消費者がラグジュアリーの受容に伴ったラグジュアリーへの需要拡大という事実を確認し，消費者によるラグジュアリーの需要拡大による中国の高級品市場の発展の可能性を明らかにした。同時に，中国経済の持続的な成長に伴った消費者の間に伝統文化に対する再評価の一環として，Z世代を中心に現代の流行に中国の伝統要素を取り入れたアイテムの開発・販売の拡大の事実および，これらは中国の高級品市場の発展に若い世代が参入する可能性をもたらしたことを明示し，中国におけるラグジュアリーブランドの需要拡大の予備層が誕生した事実を確認した。さらに，これらの伝統的宝飾文化の影響を受け続ける消費者のニーズと消費嗜好に合わせて，ラグジュアリーブランド企業が積極的に中国市場への進出を図り，既存製品市場での製品供給拡大や新規製品市場でのイノベーションによる製品の開発等を通じて，中国市場の可能性を追求しようとしている企業努力も考察し，ブランド企業と消費者との価値共創の可能性を企業サイドから明らかにした。

　また，消費者とラグジュアリーブランド企業との価値共創の可能性があるという仮説の有効性を検証するために，本書は，消費者意識調査を導入し，仮説検証に有効なデータを用いて実証研究を行った。意識調査は回答者の属性から，ラグジュアリーブランドと中国の宝飾文化との関係性および，消費者のラグジュアリーブランドの印象と購買行動との関係性という3つの視点から情報の収集を実施した。そして，消費者の需要と企業の供給，既存製品市場と新規製品市場における評価と戦略という3つの側面から高級品市場における価値共創の

プロセスを検証した。実証と事例の両面から共創効果を裏付け，中国のみならず世界的な高級品市場発展に向けた新戦略を提示することを試みた。

　さらに，中国市場のラグジュアリーの需要拡大に対して，企業は，ラグジュアリーの伝統を継承しつつ，開発された各種製品を取り扱う市場である「既存製品市場」と，中国の伝統文化要素を取り入れて開発された各種製品を取り扱う市場である「新規製品市場」において，様々な製品の開発と技術革新を通じて，中国の高級品市場にダイナミックな発展をもたらした事実を考察した。なかでも，消費者の多様化，差別化されたニーズを正確に捉えるために行った消費者意識調査は，消費者とラグジュアリーブランド企業との価値共創に関する仮説の検証に客観的な情報を提供することができた。

第 1 節　本書から得られたもの

　上記のように，本書のこれまでの考察を通して，以下 3 点を再確認することができた。

　第 1 に消費者の価値観の変容である。つまり，中国消費者のラグジュアリーブランドの購入は，単なる所有という欲求から，次第に文化体験を重視することへの変化である。消費者意識調査から，回答者のラグジュアリーブランドの印象は，「独特なブランド文化を有する」との回答率が 40.07％を占めたことに対して，「国潮」ブランドの魅力は，「文化」であるとの回答率が 64.34％に達していた。これは，消費者が西洋発のラグジュアリーが持つ文化的背景よりも，中国の伝統要素を取り入れた国産ブランドの文化を重要視し，中国要素ラグジュアリーの供給拡大を求めていることを示唆している。この結果から，ラグジュアリーブランド企業は消費者のニーズに応えるために，消費者志向のコミュニティの形成やストーリーテリングの強化が求められている。そして，こうした消費需要とマーケティング戦略を適合させることは，今後中国の高級品市場が持続的な拡大を図るためのカギとなるだろう。

　第 2 に，デジタル技術の重要性である。本書で，SNS などのデジタル技術が消費者との接点の拡大と情報発信力の向上に大きな役割を果たしていること

が明らかになった。消費者意識調査では，61.38％の消費者がインフルエンサーのような有名人の推薦，55.18％がネット広告を通じてブランド情報を入手しており，オンラインが消費者に与える影響力の大きさが確認される。この事実から，SNS上のキーパーソンやインフルエンサーとの連携強化が不可欠なマーケティング要素として浮かび上がっている。今後，ラグジュアリーブランド企業は，インフルエンサーとの連携を強化し，双方向なコミュニケーションの促進を通じたマーケティング戦略を推進する必要がある。そして，これらは，中国の高級品市場の持続的な拡大を目指すうえで欠かせないインフラとなっているといえる。

　第3に，何よりも消費者とラグジュアリーブランド企業との価値共創のメカニズムを解明したことである。本書では，消費者参加型の商品開発やブランド体験の共有が市場革新とブランド価値向上の源泉であることを強調してきた。ラグジュアリーブランド企業が消費者とともに新しい商品の企画に取り組み，その過程で体験を共有することは，市場の活性化につながる不可欠な前提条件である。特に，消費者参加型の商品開発と意識調査，ブランド体験の共有といった共創プロセスは，市場革新とブランド価値向上をもたらす源泉になりうると再確認された。今後，ラグジュアリーブランド企業が消費者にブランド体験の共有を促したり，新商品の企画に消費者からアイディアを提供してもらったりするなど，消費者の参加と体験の場を共創することが求められる。

　一方，消費者のラグジュアリーに対する所有欲求から文化体験への移行は，消費者行動論における新たなパラダイムを示す可能性がある。その意味から，本書におけるラグジュアリーに対する消費者行動の変化は，新しい理論的枠組みの構築にも有意義になるといえる。また，デジタル技術の進展が市場戦略に影響を与えるという本書の視点は，デジタルマーケティング分野における新たな戦略的枠組みの提案にもなるだろう。特に，消費者参加型の商品開発やブランド体験の共有が市場革新とブランド価値向上に寄与することを示した本書は，消費者とラグジュアリーブランド企業との価値共創に理論的枠組みの拡張を提供し，消費者と企業間の相互作用に関する理解の深化を通じて，新たな価値を

生み出す可能性がある。そして，本書は，消費者行動とマーケティング分野における理論的洞察を深めるとともに，企業の戦略立案にも一定の参考価値を提供していると確信する。中国の高級品市場における消費者とラグジュアリーブランド企業との新たな価値共創のプロセスは，理論と実践の両面で有意義な発展をもたらし，今後の研究と市場戦略の進展に対してその基盤の形成に資することが期待される。

　消費者とラグジュアリーブランド企業間の価値共創に関する本書は，まだ研究の初期段階にあり，多くの課題も残されている。例えば，アンケート調査サンプル数の不足と設問の偏りや，新戦略モデルの効果検証の不足，分析視点の限定性などがあげられる。今後，このような課題に理論と実務とを連携させながら，本書をさらに発展させていく必要がある。理論と実践の枠を超えて新たな価値を創造することは，本書の今後目指すべき方向性である。最後に，本書が提起した課題への取り組みは，消費者とラグジュアリーブランド企業間の価値共創のプロセスをより深く理解するための基盤として，中国の高級品市場の持続可能な発展に寄与することを期待する。

▌第2節　価値の最大化を目指す4Pと4Cの融合

　中国の高級品市場における消費者とラグジュアリーブランド企業との価値共創に関する本書の仮説は，前節の検証を通してその有効性が認められた。しかし，消費者と企業との価値共創を持続していくためには，まだ多くの課題が残されている。なかでも，近年では，中国の高級品市場規模が拡大し続けているが，ブランド企業側の過剰供給に伴った商品の均質化の現象が現れており，これはやがて消費者離れにつながるのではないかという懸念がある。そのため，消費者一人ひとりとの絆と共感に基づく価値共創を目指すべく，そのための有効なマーケティング戦略が求められる。そのうち，4Pと4Cの融合が手法の一つと考えられる。

　ただし，ここでの4Pとは，Product（製品），Price（価格），Place（流通），Promotion（プロモーション）の頭文字に由来する。製品戦略において，製品の

機能性やデザイン性を超え，消費者がそこから得られる体験価値を最大化することを強調する。また，価格戦略では，物理的コストだけでなく，消費者が負担する心理的・時間的コストとの適正なバランスが問われる。そして，流通戦略では，単なる物流・店舗戦略よりも，消費者との接点そのものの設計が重要視される。最後にプロモーションであるが，双方向なコミュニケーションに基づく情報拡散こそ消費者参加型の新戦略である。また，4C とは，Customer value（顧客価値），Customer Cost（顧客コスト），Convenience（顧客利便性），Communication（顧客とのコミュニケーション）を使った分析方法である。消費者にとっての価値最大化とは何かを再定義し，その視点に立ってマーケティング戦略の構築を目指すものである。つまり，中国の高級品市場におけるマーケティング戦略の最適化は，この4P と 4C という2 つの視座の融合が必要不可欠になる。

(1) Product（製品）対 Customer value（顧客価値）

　価値とは，消費者が製品やサービスの購入によって得られる広義の価値を意味する。製品そのものだけでなく，アフターサービスを受けられる，情緒的ベネフィットを得られる（楽しい気分になれる，優越感に浸れる）なども価値に含まれる。一方の製品とは，企業の視点で見た品質や機能，ブランド名，サービスなどのことであるが，顧客側が欲しいと思わなければ買ってもらえないのはいうまでもない。そのため，顧客のニーズをしっかりと捉え，そのニーズを満たす製品やサービスを提供することが求められる。

　消費者意識調査では，ラグジュアリーブランドの印象は，57.97％が「高貴さの象徴」，55.14％が「上質な素材」，53.02％が「豪華且つ贅沢」との回答が得られ，消費者がラグジュアリーに高い期待感を持っていることがわかる。一方で，従来の単なる所有欲求から，自己実現に資する体験を重視する傾向も高まっていることは既述のとおりである。このような顧客がラグジュアリーに期待する価値は，製品開発にその機能性と価格優位性だけでなく，象徴性や精神性，ストーリー性への配慮が欠かせない。それは，中国の伝統文化との連携，

中国要素ラグジュアリー市場の開拓が有効な手法の一つになる。

(2)　Price (価格) 対 Customer Cost (顧客コスト)

　コストは，消費者が製品やサービスを検討する際の重要な要素の一つであるが，製品やサービスに支払う金額がコストの一部でしかない。コストを考えるときは，購入や利用時の移動時間なども含めて考える。また，価格については，ラグジュアリーブランドが高価格であると一般的な認識ではあるが，顧客が納得する価格を提示できるかがポイントとなる。

　消費者意識調査では，ラグジュアリーブランドの購入判断と収入増加がプラスの影響を与えるとの質問に対して，「とてもそう思う」が25.72％，「そう思う」が34.21％で，両者を合わせると，約6割の回答者が収入増に伴って，ラグジュアリーブランドに多くの資金を使うという結果が得られる。高級消費財の需要は所得と正の関係があるが，金銭コストや時間コストに比べ扱いづらい消費者の心理的コストや社会的コストの意識が高まりつつある中国社会において，単純に高価格路線では，消費者コストの限界があることが示唆される。差別化要因を意識したグレード別価格設定とあわせ，付加サービスによるコストパフォーマンス向上が課題であろう。

(3)　Place (流通) 対 Convenience (顧客利便性)

　消費者にとって，製品やサービスの入手しやすさが重要である。どんなに優れた製品やサービスも，それらが入手困難であれば，顧客に届けることができない。企業にとっての流通は顧客にとっての利便性と表裏一体であり，同列に考えるべき要素でもある。特にラグジュアリーブランドという高級消費財の販売地域や販売方法などの流通チャネルの最適化に取り組む必要がある。

　消費者意識調査では，消費者の78.07％が実店舗，52.35％が海外代購，43.45％がECサイトでの購入経験がある。購買チャネルに対するニーズは多様化しており，シームレスなオムニチャネル体験を提供することが求められる。VR/AR等の新技術を取り入れ，発見から購入，配送・返品に至るまで一貫したス

トレスフリー体験を実現することが重要であろう。

(4) Promotion (プロモーション) 対 Communication (顧客とのコミュニケーション)

　マーケティングを成功させるためには，企業と顧客の間の双方向なコミュニケーションが不可欠である。ラグジュアリーブランドにおける消費者と企業とのコミュニケーションは，店頭でのきめ細かなサービスが主流であるが，一方の販促とは広告，人的販売，販売促進などを指す。近年のインターネットの普及により，SNS マーケティングやコンテンツマーケティングなど，販促の手法は多様化している。

　消費者意識調査では，回答者の 61.38％が有名人の推奨，55.72％が実店舗，55.18％が広告からブランド情報を取得している。これは，SNS 上のインフルエンサーの影響力を踏まえ双方向コミュニケーションを前提とした新たなプロモーション展開が求められる。消費者自身がブランドストーリーの共創者として積極的に製品体験を発信する戦略を構築することも重要であろう。

　このように，中国の高級品市場における消費者とブランド企業との価値の最大化には，新たなマーケティング戦略が欠かせない。物的欲求が満足されつつある現代社会において，消費者の自己実現という高次な欲求が次の消費の原動力になっている。そのため，消費者の内面性や精神性に訴えかける新戦略が消費拡大の基本条件となる。本書で実施した消費者意識調査から導き出された結果を，4P と 4C というフレームワークを用いて体系的に分析することは重要であろう。

▌第3節　持続可能な価値創出を目指して

　中国の高級品市場の発展現状を見ると，消費者はすでに単なる受動的な存在ではなくなり，自ら参加者として企業との価値共創の段階に入っている。この関係は，今後中国での高級品市場の市場活性化を目指すための重要なポイントになる。つまり，消費者の価値最大化は，持続可能な価値創出につながると考える。

(1)　消費者の価値観と姿勢の変化への対応

　消費者意識調査から，消費者はラグジュアリーの高級感の追及や所有欲求といった従来型の消費志向から，徐々にブランド体験や精神面へのこだわりが高まってきていることがわかる。マズローの欲求5段階説に従えば，中国は経済成長とともに消費者ニーズそのものがますます高度化していく。それは，消費者の欲求が次第に生理的欲求から，社会的欲求や，自己実現への欲求と高度化していくことを意味する。消費者満足度を左右する指標も，従来のGDP総額や一人当たり可処分所得水準などの豊かさを示すものから，生活の質や幸福度といった新たな基準で捉えることが必要になっている。これは，今後，中国の高級品市場の持続的な成長を目指すには，企業が単なる数量拡大志向型の発展から，質的多様化志向型へと変容していくことを示唆している。

　そのため，ブランド企業には，ラグジュアリーが所有するための商品から，体験を共有するための商品への戦略的位置づけの変更が求められる。共感と絆こそ消費者との継続的なエンゲージメント構築の要であり，独自のブランドストーリーやコミュニティの醸成がその実現のための基本である。マーケティングの視点では，プロモーションという言葉がしばしば使われるが，文字通りであるならば，企業側が一方的な発信となるが，双方向・参加型が前提となっている今日の社会では，消費者参加型の情報共有が不可欠になる。また，着眼点は単なるターゲット層ではなく，各年齢層を絞ったきめ細かなマーケティング戦略へシフトしていくことが必要になるだろう。特に，「場」が持つ人・文化・環境・歴史・社会性・経済性など多層的な価値と資源を統合し，その地域特有の資源を有効に活用しながら，ブランド構築を進めるというプレイス・マーケティングの重要性が増していく。

(2)　消費者価値最大化の新機軸

　これまでの検証結果から，ラグジュアリーブランド企業による商品提供偏重型のビジネスモデルでは，その限界が感じられる。真の意味での消費者との共感や信頼関係の構築は持続可能な成長の要である。その担い手は従来の商品受

領者としてのものではなく，消費者を価値共創者へと昇華させる必要があるだろう。その戦略は，ますます先鋭化する市場競争に打ち勝つための突破口になる。そのため，価値共創の意義を踏まえて，以下の消費者価値最大化という新機軸の転換を提起する。

　まず，消費者が単なる商品の受領者というよりも，自律的なコミュニティパートナーへと成長させていくことは持続的な価値共創の関係を築くための基盤である。その場の一つはSNS上に形成される消費者間の自主的な交流の場であり，特に共通の価値観を持つ同質性の高い仲間内での口コミ情報が重要である。その際，企業はそのシステムを健全に機能させるための運営者であり，過剰な介入を避けつつも適切な関与が重要である。また，各種キャンペーンと連動させることで，その相乗効果を高めることも重要である。

　また，SNS上での影響力のあるソーシャルリーダーとの連携は従来型広報を凌駕する効果が期待される。インフルエンサーを通して，消費者の反応を確認し，評価の高い顧客をアンバサダーとして起用するなど，消費者同士のつながりを通じた口コミ効果が重要なプロモーション活動であり，市場の成熟化に大きな意味を持つ。特に，IT技術の進展とSNSの普及によって，情報発信者の主体は次第に企業から消費者へと移行しており，情報が溢れる市場における「ある商品を信頼する人が支持している」という，消費者同士の情報共有は，新たな選択基準として機能する側面がある。

　そして，差別化された製品を市場に投入することは，新商品開発の最重要プロセスである。その前工程としての市場調査やアイディア発掘等をSNS上で公開し，消費者の共同参加を誘発することは開発のスピードと完成度の向上が期待される。その際，クラウドソーシング手法によるアイディア公募はもちろん，試作品に対する使い勝手の評価や，パッケージデザインに対する投票などの共創プロセスは，消費者との新たな関係構築に活用できるツールとなる。話題性と支持率の最大化，ひいては市場投入後の口コミ効果とリピート率の向上は消費者魅力を高めるための基本条件といえる。

　さらに，消費者価値をより高度化させるためには，バーチャルリアリティー

（VR）や拡張現実（AR）を用いた消費者体験や，パーソナルデータとの融合といった最新テクノロジーの活用も重要な視点である。VR や AR 技術の進化に伴い，消費者が製品やサービスをより高度に体験できる可能性が広がっている。例えば，自宅での仮想試着や空間シミュレーション，オンライン空間で他者と交流しながらショッピングを楽しむといった新たな消費者体験が広がりつつある。こうした消費者体験の広がりは，消費者がストレスなく試すことができ，様々なバリエーションを効率的に比較できる。また，購買前の疑似体験は，消費者が実店舗体験以上の満足感を得る可能性が生まれる。一方，企業にとっては，消費者の生の声や行動データをリアルタイムに可視化できるため，需要予測や商品企画精度の向上が期待される。加えて，開発プロセスに消費者を参加させるという参加型のデザインも容易になり，仮想空間での操作性や視認性，使用性に対する評価は，消費者との対話を通じて高めていく可能性がある。

（3）　消費者間取引の整備による満足度の向上

　消費者間の取引は，所有価値よりも体験価値を重視する消費者価値観の変化を反映するもので，ラグジュアリー先進国ではその市場の拡大が続いている。その流れの一つとして，中古市場の整備は新たな価値創出の領域として注目されている。中古ブランド品取引市場の創出にはいくつかの意味がある。

　まず，中古ラグジュアリー品取引市場は経済において重要な役割を果たしている。ラグジュアリーは高価であり，新品のままでは手の届かない人も多いが，中古市場ではより手頃な価格で手に入れることができる。これにより，消費者の選択肢が広がり，ラグジュアリーへのアクセスが向上する。また，中古品の市場が活性化することで，新品のラグジュアリーを購入する人々が中古市場に売却することで資金を得ることもできる。次に，中古ラグジュアリー品取引市場は環境にとっても意味がある。新品の製品を作るには原材料やエネルギーが必要であるが，中古品の購入はその需要を抑え，資源の節約や廃棄物の削減につながる。また，ラグジュアリーは耐久性があるため，多くの場合，中古であっても品質が保たれている。これにより，ラグジュアリーの寿命を延ばすこと

ができ，廃棄物の発生を減らすことができる。そして，中古ラグジュアリー品取引市場は個人やビジネスにとっても意味がある。中古品を購入することで，予算の範囲内で理想のブランド品を手に入れることができる。また，中古品を取り扱うビジネスにとっても市場の拡大が見込め，新たな収益源となりうる。つまり，中古ラグジュアリー取引市場創出は，経済的な利益だけでなく，環境への配慮や個人の利益にも貢献する。

　また，このような所有意識により利用価値を重視する消費者に新たな選択肢を提供できる半面，企業にとっても新市場開拓の機会を提供するメリットがある。課題としては適正な品質管理と円滑なコミュニケーション体制の構築である。つまり，中古ラグジュアリー品取引での成功を目指す場合，高品質な中古品の供給，品質管理と信頼性の確保，ラグジュアリーへの需要の高さ，オンラインプラットフォームの発展などが重要な要素となる。

　中国では，ラグジュアリーの消費が盛んな現状において，多くの消費者がラグジュアリーを所有している。そのため，市場には高品質な中古品が数多く供給される可能性があると考えられる。一方，中古品を取引する際の厳格な品質管理体制がまだ不十分である。今後，商品の状態や真贋を確認するための専門の鑑定士や認定業者の整備を通じて，消費者に信頼性を提供する必要がある。特に，高級ブランド品への憧れや需要が根強くあるなか，中古品市場では，新品よりも手頃な価格で購入できるため，多くの消費者が中古品に関心を示す可能性がある。そして，インターネットの普及に伴い，中古ラグジュアリー取引のオンラインプラットフォームが急速に発展している。これにより，消費者は全国の中古品を容易に購入することができ，市場の活性化に寄与する価値があるだろう。

　以上を総括すると，消費者との単なる商品取引の関係を超え，ライフデザインのパートナーへと深化された関係性こそ，持続的な価値創造と市場革新をもたらす源泉であると結論づけられる。そこに形成される共創関係と新領域は，社会そのものの変革を促す大きな原動力にもなる。所有から利用への意識変化に基づく新サービス普及が消費文化を方向づけつつあるが，その担い手は共有

の関係性を前提とするコミュニティである。信頼できる他者との関係性が新市場創造の基盤となり，社会イノベーションを起こしていく。この間接的な社会変容がデジタル時代におけるテクノロジーの果たす重要な意義である。また，消費者との新たな接点を創出するための施策，特に SNS や IoT 等の新技術を活用した対応により消費者一人ひとりの行動データが可視化され，そうした個人データをどうマーケティング戦略の立案に有効活用するかが重要である。消費者体験と新技術の融合は次なる高級品市場の牽引力である。そのために，データ駆動型マーケティングと顧客接点戦略の革新が不可欠な課題になるだろう。

参考文献

【日本語文献】

阿依アヒマディ (2019)『アヒマディ博士の宝石学』アーク出版.

東美晴 (2006)「中国における社会階層と観光―上海市民の選好性の分析から―」『流通経済大学社会学部論叢』16(2), 39-63 龍ケ崎：流通経済大学社会学部.

安西洋之・中野香織 (2022)『新ラグジュアリー』クロスメディア・パブリッシング.

伊藤元重 (2002)『入門経済学 (第2版)』日本評論社.

大谷浩介 (2018)「イタリアの衣料品ラグジュアリーブランド企業の商品開発」博士論文, 京都大学.

王維亭 (2021)「2000年代初期中国上海における中間層の特徴―事例研究」『千葉大学人文公共学研究論集』43, 23-41 千葉大学大学院人文公共学府.

大槻真一郎著・澤元亙編集 (2018)『西欧中世宝石誌の世界――アルベルトゥス・マグヌス「鉱物書」を読む』八坂書房.

小野田哲弥・欧陽菲・趙晋茹 (2014)「中国"80後"消費者意識調査レポート」『産業能率大学紀要』34(2), 57-78 産業能率大学.

カプフェレ, J. N.＋V. バスディアン著, 長沢伸也訳 (2022)『ラグジュアリー戦略』東洋経済新報社.

カプフェレ, ジャン＝ノエル Jean-Noel Kapferer 著. 長沢伸也監訳 (2017)『カプフェレ教授のラグジュアリー論』同友館.

甘雨田 (2022)「訪日中国人観光客対象の宝飾品マーケティング戦略―太極理念からのアプローチ」博士論文, 城西国際大学.

窪山哲雄 (2021)「価値共創型サービス・マネジメントの実践的フレームワークの創生―サービス特性を焦点としたマーケティング研究」博士論文, 京都大学.

江向華 (2020)「価値共創における資源統合に関する研究―価値共創マーケティングからのアプローチ」博士論文, 岡山理科大学.

呉江城 (2020)「消費社会の主体としての都市新中間層に対する認識変容―小資言説の分析を中心に―」『社会学評論』71(1) = 281 138-155. 日本社会学会.

高秀葵 (2022)「伝統的工芸品のラグジュアリーブランドへの戦略―海外著名デザイナー・ブランドとの協働によるイノベーションと越境EC戦略」博士論文, 城西国際大学.

斎藤参郎・石橋健一・王徳 (2001)「中国・上海における消費者の買物行動特性―消費者行動ダイアリー調査にもとづく実証分析」『地域学研究』32(3) pp.211-236 つくば：日本地域学会.

露木宏 (2019)『日本の宝飾文化史』東京美術.

中林史朗 (2013)「『玉』とは・『玉文化』とは～日本に於ける中國文物研究の死角～」『漢學會誌』52, 131-171 大東文化大學.

長沢伸也・石塚千賀子・得能摩利子 (2022)『究極のブランディング』中央公論新社.

長沢伸也 (2021)『ラグジュアリー戦略で夢を売る』同友館.

廣瀬毅士・寺島拓幸・野尻洋平 (2015)「上海消費社会の現状と問題構成」『立教大学社会学部研究紀要』No57, 69-87　立教大学.

福田敏彦 (2001)「試論・広告の陰陽理論へ向けて」『広告科学』第 42 集.

ヴォワイヨ, パトリック著・遠藤ゆかり訳 (2006)『宝石の歴史』創元社.

蓑地章子 (2012)「日系化粧品会社の中国市場における優位を探る―中国若年層の消費行動調査の視点から.」『桜美林経営研究』3, 79-94　桜美林大学.

山口遼 (1994)『宝飾品市場―その知られざる世界―』日本経済新聞社.

山口遼 (1990)『ジュエリィの話』新潮選書.

横川潤 (2004)「上海におけるサービス産業の動向とマーケティング分析台頭する上海『中間層』とフードサービスコンセプト」『生活科学研究』26　21-30.　文教大学.

李海峰 (2009)「中国の大衆消費社会の進展と消費者行動の変化：都市部における消費実態調査に基づく分析」『Hokkaido University Collection of Scholarly and Academic Papers: HUSCAP』58(4), 137-153　北海道大学大学院.

李熙明 (2022)「ラグジュアリーブランドにおけるブランド拡張の成功要因」博士論文, 明治大学.

【英語文献】

Aaker, D. A. (1991). *Managing brand equity: Capitalizing on the value of a brand name*. New York, NY: Free Press.

Aaker, D. A. (1995). *Building strong brands*, New York: Free Press.

Barnes, L., & Lea-Greenwood, G. (2006). "Fast fashioning the supply chain: Shaping the research agenda," *Journal of Fashion Marketing and Management: An International Journal*, 10(3), 259-271.

Bian, Q., & Forsythe, S. (2012). "Purchase intention for luxury brands: A cross-cultural comparison," *Journal of Business Research*, 65(10), 1443-1451.

Bourdieu, P. (1984). *Distinction: A social critique of the judgment of taste*, Harvard University Press.

Braudy, L. (1997). *The frenzy of renown: Fame and its history*, Vintage.

Burckhardt, J. (1990). *The Civilization of the Renaissance in Italy*, 1860, Trans. SGC Middlemore, London: Penguin.

Bynum, C. W. (1988). *Holy feast and holy fast: The religious significance of food to medieval women* (Vol. 1), University of California Press.

Cannadine, D. (2002). *Ornamentalism: How the British saw their empire*, Oxford University Press, USA.

Castells, M. (1996). *The Rise of the network society: The information age: Economy, society and culture*, Blackwell Publishers, Inc.

Charles, K. K., Hurst, E., & Roussanov, N. (2009). "Conspicuous consumption and race," *The Quarterly Journal of Economics*, 124(2), 425-467.

Chaudhuri, A., & Holbrook, M. B. (2001). "The chain of effects from brand trust and brand affect to brand performance: The role of brand loyalty," *Journal of marketing*, 65(2), 81-93.

Corneo, G. (1999). *The Economics of Conspicuous Consumption: Theory and Thought since 1700*, Edward Elgar Pub.

Darnton, R., & Darnton, R. (2009). *The Business of Enlightenment: A Publishing History of the Encyclopédie, 1775-1800*, Harvard University Press.

Escalas, J. E., & Bettman, J. R. (2003). "You are what they eat: The influence of reference groups on consumers' connections to brands," *Journal of consumer psychology*, 13(3), 339-348.

Hennigs, N., Wiedmann, K. P., & Klarmann, C. (2012). "Luxury brands in the digital age – exclusivity versus ubiquity," *Marketing Review St. Gallen*, 29, 30-35.

Hobsbawm, E. J. (1969). *The age of revolution: Europe 1789-1848*, Vintage.

Holt, D. B. (2002). "Why do brands cause trouble? A dialectical theory of consumer culture and branding," *Journal of consumer research*, 29(1), 70-90.

Huizinga, J. (1924). *The Waning of the Middle Ages: A study of the forms of life, thought and art in France and the Netherlands in the XIVth and XVth centuries*, E. Arnold.

Irwin, R., & Lauterborn, B. (1990). "New Marketing Litany: Four Ps Passé: C-Words Take Over," *Advertising Age*, 61(41), 26.

Joy, A., Wang, J. J., Chan, T. S., Sherry Jr, J. F., & Cui, G. (2014). "M (Art) worlds: Consumer perceptions of how luxury brand stores become art institutions," *Journal of Retailing*, 90(3), 347-364.

Kamen, H. A. F. (2003). *Empire: How Spain became a world power, 1492-1763*, Harper Perennial.

Kapferer, J. N. (2012). *The new strategic brand management: Advanced insights and strategic thinking*, Kogan Page Publishers.

Kapferer, J. N., & Bastien, V. (2012). *The luxury strategy: Break the rules of marketing to build luxury brands*, Kogan Page Publishers.

Kapferer, J. N., & Valette-Florence, P. (2018). "The impact of brand penetration and awareness on luxury brand desirability: A cross-country analysis of the relevance of the rarity principle," *Journal of Business Research*, 83, 38-50.

Keller, K. L. (1993). "Conceptualizing, measuring, and managing customer-based brand equity," *Journal of Marketing*, 57(1), 1-22.

Khamis, S., Ang, L., & Welling, R. (2017). "Self-branding, 'micro-celebrity,' and the rise of social media influencers," *Celebrity Studies*, 8(2), 191-208.

Kreps, D. M. (1997). "Intrinsic motivation and extrinsic incentives," *The American Economic Review*, 87(2), 359-364.

Lamont, M. (1992). *Money, morals, and manners: The culture of the French and the American upper-middle class*, University of Chicago Press.

Leiss, W., & Botterill, J. (2005). *Social communication in advertising: Consumption in the mediated marketplace*, Psychology Press.

Leshkowich, A. M., & Jones, C. (2003). "What happens when Asian chic becomes chic in Asia?," *Fashion Theory*, 7(3-4), 281-299.

Marshall, P. D. (2014). *Celebrity and power: Fame in contemporary culture*, U of Minnesota Press.

Maslow, A. H. (1943). "A theory of human motivation," *Psychological Review*, 50(4), 370-396.

McCarthy, E. J., & Perreault, W. D. (1960). *Basic marketing: A management approach*, Homewood: Richard D. Irwin, 4, 787-816.

McKendrick, N., Brewer, J., & Plumb, J. H. (2018). *The birth of a consumer society: The commercialization of eighteenth-century England*, Edword Everett Root.

McLuhan, M. (1964). *Understanding media: The extensions of man*, McGraw-Hill (New York, NY).

Mennell, S. (1996). *All manners of food: Eating and taste in England and France from the Middle Ages to the present*, University of Illinois Press.

Mou, J., Shin, D. H., & Cohen, J. F. (2017). "Trust and risk in consumer acceptance of e-services," *Electronic Commerce Research*, 17, 255-288.

O'cass, A., & McEwen, H. (2004). "Exploring consumer status and conspicuous consumption," *Journal of consumer behaviour: An international research review*, 4(1), 25-39.

Schroeder, J. E., & Borgerson, J. L. (2005). "An ethics of representation for international marketing communication," *International Marketing Review*, 22(5), 578-600.

Simmel, G. (1904). "Fashion. International Quarterly 1904," *American Journal of Sociology*, 62, 541-58.

Singh, P. R. (2012). *Consumer culture and postmodernism*. LOGOS, UNIVERSALITY, MENTALITY, EDUCATION, NOVELTY. Section: Philosophy and Humanistic Sciences, 1(1), 469-506.

Smelser, N. J. (2013). *Social change in the industrial revolution: An application of theory to the British cotton industry*, Routledge.

Smith, A. N., Fischer, E., & Yongjian, C. (2012). "How does brand-related user-generated content differ across YouTube, Facebook, and Twitter?" *Journal of interactive marketing*, 26(2), 102-113.

Spang, R. L. (2019). *The invention of the restaurant: Paris and modern gastronomic culture*, Harvard University Press.

Tian, K. T., Bearden, W. O., & Hunter, G. L. (2001). "Consumers' need for uniqueness:

Scale development and validation," *Journal of consumer research*, 28(1), 50-66.

Todeschini, B. V., Cortimiglia, M. N., Callegaro-de-Menezes, D., & Ghezzi, A. (2017). "Innovative and sustainable business models in the fashion industry: Entrepreneurial drivers, opportunities, and challenges," *Business horizons*, 60(6), 759-770.

Trilling, L. (2009). *Sincerity and authenticity*, Harvard University Press.

Twitchell, J. B. (2003). *Living it up: America's love affair with luxury*, Simon & Schuster.

Tynan, C., McKechnie, S., & Chhuon, C. (2010). "Co-creating value for luxury brands." *Journal of business research*, Volume 63, Issue11, November 2010, Pages 1156-1163.

Vargo, S. L., & Lusch, R. F. (2008). "Service-dominant logic: Continuing the evolution," *Journal of the Academy of Marketing Science*, 36, 1-10.

Veblen, T. (1899). *The Theory of the Leisure Class*, Oxford University Press.

Vickers, J. S., & Renand, F. (2003). "The marketing of luxury goods: An exploratory study - three conceptual dimensions," *The Marketing Review*, 3(4), 459-478.

Vigneron, F., & Johnson, L. W. (1999). "A review and a conceptual framework of prestige-seeking consumer behavior," *Academy of Marketing Science Review*, 1, 1-15.

Viswanathan, V., Sese, F. J., & Krafft, M. (2017). "Social influence in the adoption of a B2B loyalty program: The role of elite status members," *International Journal of Research in Marketing*, 34(4), 901-918.

Wang, Y., & Griskevicius, V. (2014). "Conspicuous consumption, relationships, and rivals: Women's luxury products as signals to other women," *Journal of consumer research*, 40(5), 834-854.

Weber, M. (1930). *The Protestant ethic and the spirit of capitalism*, (T. Parsons, Trans.). London: Allen & Unwin.

Wen, G., & Jing, Z. (1992). "Chinese Neolithic jade: A preliminary geoarchaeological study," *Geoarchaeology*, 7(3), 251-275.

Zhan, L., & He, Y. (2012). "Understanding luxury consumption in China: Consumer perceptions of best-known brands," *Journal of Business Research*, 65(10), 1452-1460.

【中国語文献】

国家統計局（2021）『第7次全国人口普查公報』

汪久文編著（2016）『中国玉器時代与玉文化』科学出版社.

徐玟瑾主編（2009）『中国玉器与玉文化』吉林文史出版社.

周中栋・海慈（2011）『中国玉文化読本』当代中国出版社.

【日本語 Web 文献】

アウンコンサルティング株式会社 (2021)「2025 年までに中国が個人高級品市場世界No.1 に中国高級品市場を牽引するのは Z 世代　アリババレポート」(https://www.auncon.co.jp/column/listing/20210114-7/) 2024 年 2 月 5 日閲覧

岩崎淳子訳 (2021)「世界のラグジュアリー企業ランキング 2021」『デロイト　グローバル』https://www2.deloitte.com/jp/ja/pages/consumer-business/articles/cp/luxury-global.html　2024 年 2 月 5 日閲覧

市川拓也 (2018)「海外のライドシェアの現状と日本でのあり方〜ライドシェアに対する法規制の議論を急げ」『大和総研』https://www.dir.co.jp/report/research/policy-analysis/human-society/20180601_020125.pdf　2024 年 2 月 5 日閲覧

HOSOO 公式ページ (https://www.hosoo-kyoto.com/jp/projects/gucci2/) 2024 年 2 月 5 日閲覧

株式会社インターブランドジャパン (2022)「インターブランド『Best Global Brands 2023』レポート『ブランド価値』によるグローバル・ブランドランキング TOP100 を発表」https://prtimes.jp/main/html/rd/p/000000152.000000092.html　2024 年 2 月 5 日閲覧

玉川堂 (2011)「2 つの老舗メゾンが実現した究極のボトルクーラーとは？」(https://www.gyokusendo.com/news/42) 2024 年 2 月 5 日閲覧

グローバル・ウェルス・レポート (2022)
https://www.credit-suisse.com/media/assets/apac/docs/jp/pb-research-reports/global-wealth-report-2022-jp.pdf p46 2024 年 2 月 5 日閲覧

産業新聞 (2014)「印傳屋とグッチがコラボ　日本の伝統，世界で評価　山梨」(https://www.sankei.com/article/20141030-SYKBNTT6WFOSJPHDXNYKD6CZHQ/) 2024 年 2 月 5 日閲覧

新浪財経 (2023)「中国で去年新たにオープンした高級品店の数が全世界の 41％を占める，それは何を意味しているのか？から取得」https://finance.sina.cn/stock/relnews/hk/2023-05-19/detail-imyuhmre7626167.d.html?from=wap``【oaicite:0】``　2024 年 2 月 5 日閲覧

象彦公式ページ (https://www.zohiko.co.jp/collaboration/1731/) 2024 年 2 月 5 日閲覧

エルメスが祇園とコラボ？京都に期間限定ショップ来年夏迄 (https://www.pb01.net/brand-info/kyoto_hermes) 2024 年 2 月 5 日閲覧

Chibico Co., Ltd. (n.d.). ラグジュアリーブランドの成功事例 [Success cases of luxury brands]. https://chibico.co.jp/blog/brand-strategy/luxury-brand-　2024 年 2 月 5 日閲覧

中国証券 (2022) 中国贅沢品報告書. https://sourl.cn/RGdjc5　2024 年 2 月 5 日閲覧

中国ビジネスネットワーク金融 (2022)「高級ブランドが七夕を奪取：『中国の要素』で消費者の好感を得る」https://finance.hsw.cn/system/2022/0804/337421.shtml 2024 年 2 月 5 日閲覧

Tencent. (2021). 2021 年中国の奢侈品消費が 4710 億元に達し，前年比で 36％増加.

https://sourl.cn/pwVUWg 2024年2月5日閲覧

TIANWEI ZHANG (2022)「寅年を祝うタイガーモチーフのファッションアイテムが勢ぞろい『ディオール』や『ルイ・ヴィトン』など21ブランドから」(https://www.wwdjapan.com/articles/1310070 2024年2月5日閲覧)

ファッション (2017)「京都で400年続く老舗とコラボしたエルメスの"アレ"がスゴい！」(https://oceans.tokyo.jp/article/detail/20455 2024年2月5日閲覧)

FASHION PRESS (2023)「ルイ・ヴィトンから中国伝統芸能『変面』着想の腕時計，"動く龍が時を告げる"オートマタ仕様」(https://www.fashion-press.net/news/101324 2024年2月5日閲覧)

Mania (2022)「Apple 第4四半期の売上高記録を更新 iPhone 売上高は前年同期比約10%増」(https://iphone-mania.jp/news-499112/ 2024年2月5日閲覧)

Manegy (2023) フォーブス誌の「世界長者番付・億万長者ランキング（2023年版）」(https://www.manegy.com/news/detail/7630/ 2024年2月5日閲覧)

毎日新聞 (2007)「ルイ・ヴィトン，輪島塗とコラボ 被災の『仲間』支援」(http://www.asahi.com/fashion/article/OSK200711200091.html 2024年2月5日閲覧)

三浦翔 (2023)「アマゾンジャパン，日本事業の売上は5.7%増 2桁増はストップ，直販売上は約2兆円か」『日本ネット経済新聞』(https://netkeizai.com/articles/detail/8098 2023年9月25日閲覧)

【英語 Web 文献】

Bain-Altagamma 2020 Worldwide Luxury Markert Monitor, Bain Analysis (https://www.alizila.com/report-mainland-china-set-to-become-worlds-largest-personal-luxury-market-by-2025/ 2024年2月5日閲覧)

Bain & Company. (2023). China's luxury market contracts for first time in five years; positive conditions to return by end of first quarter (https://www.bain.com/about/media-center/press-releases/2023/chinas-luxury-market-contracts-for-first-time-in-five-yearspositive-conditions-to-return-by-end-of-first-quarter/ 2023年9月25日閲覧)

Brand Keys. (2023). Customer Loyalty Engagement Index (https://brandkeys.com/customer-loyalty-engagement-index/ 2023年9月25日閲覧)

Lannes, B., & Xing, W. (2023). Setting a New Pace for Personal Luxury Growth in China. Bain & Company. Retrieved from (https://www.bain.com/insights/setting-a-new-pace-for-personal-luxury-growth-in-china/ 2024年2月5日閲覧)

Luxury Daily Article (https://www.luxurydaily.com/baby-boomers-value-product-authenticity-more-than-gen-z-report/ 2024年2月5日閲覧)

McKinsey & Company. (2023). Luxury consumption in China: Rising demand and opportunities. (https://www.mckinsey.com/capabilities/growth-marketing-and-sales/our-insights/chinese-luxury-consumers-more-global-more-demanding-still-spending

2023 年 9 月 25 日閲覧）

World bank（2013）「MIC Forum: The Rise of the Middle Class」（https://www.worldbank.org/content/dam/Worldbank/document/MIC-Forum-Rise-of-the-Middle-Class-SM13.pdf　2024 年 2 月 5 日閲覧）

【中国語 Web 文献】

阿玛尼官网（https://www.armani.cn/　2024 年 2 月 5 日閲覧）

爱马仕官网（https://www.hermes.cn/　2024 年 2 月 5 日閲覧）

贝恩（2013）「奢侈品的"中国人"战略——2012 中国奢侈品市场报告」（https://www.bain.cn/news_info.php?id=410　2024 年 2 月 5 日閲覧）

巴黎世家官网（https://www.balenciaga.cn/　2024 年 2 月 5 日閲覧）

卡地亚官网（https://www.cartier.cn/　2024 年 2 月 5 日閲覧）

香奈儿官网（https://www.chanel.cn/　2024 年 2 月 5 日閲覧）

肖邦官网（https://www.chopard.cn/　2024 年 2 月 5 日閲覧）

迪奥官网（https://www.dior.cn/　2024 年 2 月 5 日閲覧）

古驰官网（https://www.gucci.cn/　2024 年 2 月 5 日閲覧）

Linked in（2020）「奢侈品之中国简史及现状（linkedin.com）」（https://cn.linkedin.com/pulse/%E5%A5%A2%E4%BE%88%E5%93%81%E4%B9%8B%E4%B8%AD%E5%9B%BD%E7%AE%80%E5%8F%B2%E5%8F%8Λ%E7%8E%B0%E7%8Λ%B6-%E8%8Λ%B8-%E5%86%B7　2024 年 2 月 5 日閲覧）

Loewe 官网（https://www.loewe.com.cn/　2024 年 2 月 5 日閲覧）

路易斯威登官网（https://www.louisvuitton.cn/　2024 年 2 月 5 日閲覧）

普拉达官网（https://www.prada.com/　2024 年 2 月 5 日閲覧）

品牌网（2017）「中国奢侈品市场：从零到三千亿规模」2017 年 6 月 18 日（https://www.chinapp.com/scnews/7622　2024 年 2 月 5 日閲覧）

圣罗兰官网（https://www.ysl.cn/　2024 年 2 月 5 日閲覧）

赛琳官网（https://www.celine.cn/　2024 年 2 月 5 日閲覧）

新浪时尚（2011）「90 年代影响中国的奢侈品牌」（http://fashion.eladies.sina.com.cn/industry/2011/0304/092020484.shtml　2023 年 9 月 25 日閲覧）

Sohu（2019）「2018 年中国奢侈品市场发展研究报告」（https://www.sohu.com/a/290366379_323181　2024 年 2 月 5 日閲覧）

Sohu（2020）「最前线｜《2020 中国奢华品报告》发布，三线城市购买力竟高于一二线城市」（https://www.sohu.com/a/375943260_114778　2024 年 2 月 5 日閲覧）

曾庆怡（2023）「《2022 中国奢侈品报告》出炉：2022 年中国人买走全球近万亿元奢侈品」『元奢侈品』『上海证券报・中国证券网』」（https://news.cnstock.com/news,bwkx-202302-5017424.htm　2024 年 2 月 5 日閲覧）

纪梵希官网（https://www.givenchy.com/　2024 年 2 月 5 日閲覧）

华伦天奴官网（https://www.valentino.cn/　2024 年 2 月 5 日閲覧）

　（http://www.luxurychina.org/xwzx/xzcg/97a43d75d7b14d88b871474dadc086e1.

htm)

新華網 (2022)「中国が全世界で最大の奢侈品市場になる」(https://xinhuanet.com　2023 年 9 月 25 日閲覧)

中華人民共和国国家発展改革委員会 (2021)「中国中等收入群体已超 4 亿　中等收入大军如何"扩群"」2021 年 9 月 24 日 (https://ndrc.gov.cn/fggz/jyysr/jysrsbxf/202109/t20210924_1297381_ext.html　2024 年 2 月 5 日閲覧)

张梦霞，黄凯祥 (2022)「报告发布 | 中国奢侈品消费行为报告 2022——线上线下融合背景下的中国奢侈品市场发展」2022-08-22 (http://www.luxurychina.org/xwzx/xzcg/97a43d75d7b14d88b871474dadc086el.htm　2020 年 2 月 5 日閲覧) を参照

智研咨询 (2016)「2016 年中国奢侈品十大品牌企业排名」(https://www.chyxx.com/top/201604/409684.html　2024 年 2 月 5 日閲覧)

172

付録：『ラグジュアリーブランドに関する消費者意識調査票』（日本語訳）

第1部分　回答者の属性
1. あなたの性別
A. 男　B. 女

2. あなたの年齢
A. 18歳以下　B. 18−24歳　C. 25−34歳　D. 35−44歳　E. 45−54歳
F. 55−64歳　G. 65歳以上

3. あなたの職業
A. 学生　B. 会社員　C. 公務員　D. 主婦　E. 自由職　F. 無職　G. その他

4. あなたの現在の居住地
A. 一線都市　B. 二線都市　C. 三線およびそれ以下の都市　D. 都市部以外の地域
E. 海外

5. あなたの最終学歴
A. 中学校　B. 高校　C. 専門学校　D. 大学　E. 修士　F. 博士

6. あなたの年収
A. 10−20万元　B. 20−30万元　C. 30-50万元　D. 50-100万元
E. 100万元以上

第2部分　ラグジュアリーブランドと中国の宝飾文化
7. あなたが知っているラグジュアリーブランドを教えてください（複数選択可）。
A. ルイ・ヴィトン　B. シャネル　C. エルメス　D. グッチ　E. ロレックス
F. カルティエ　G. バーバリー　H. ディオール　I. イヴ・サンローラン
J. プラダ　K. その他（　　　　　　　）

8. あなたのラグジュアリーブランドの印象を教えてください（複数選択可）。
A. 高貴の象徴
B. 高価格
C. 職人による高品質の手作り品
D. 上質な素材
E. 独特なブランド文化を有する
F. 豪華且つ贅沢

G. 洗練を好む人に最適
H. 有名人に歓迎される

9. あなたは中国の伝統宝飾文化に詳しい。
A. 非常に詳しい
B. ある程度知っている
C. 全く知らないが，興味がある
D. 全く知らなく，興味もない
E. 少しは知っているが，あまり興味を感じない
F. よく知らないが，興味を持っている
G. まったく知らない

10. あなたは中国伝統文化要素を取り入れたラグジュアリーブランを見たことがある。
A. 見たことがあり，興味がある
B. 見たことはないが，興味がある
C. 見たことも興味もない
D. まったく興味がない
E. その他

11. 設問10のA（見たことがあり，興味がある）とB（見たことはないが，興味がある）
　　を回答した人は，あなたが思う中国の伝統宝飾品と中国伝統要素を取り入れたラグ
　　ジュアリー品との共通点を教えてください（複数選択可）。
A. どちらも美しいデザインと絶妙なディテールを有する
B. どちらも高品質と高価格のアイテムを代表している
C. どちらも悠久の歴史と文化を背景とする
D. どちらも富や社会的地位の象徴として貴金属や宝石を使用している
E. 都心部に店舗があり，洗練されたイメージで接客を行う

12. あなたは国潮ブランドを買ったことがある。
A. 買ったことはない
B. 買ったことはある。例えば，衣類，装飾品またはその他の日用雑貨
C. 強い関心を持ち，時々購入または収集している
D. 買ったことはないが，興味を持っている。今度買ってみたい

13. あなたが思う国潮ブランドとラグジュアリーブランドとの共通点を教えてくださ
　　い（複数選択可）。
A. どちらも高品質とデザイン性を重視する
B. どちらも富や社会的地位の象徴として貴金属や宝石を使用している
C. どちらも伝統文化や歴史を表現する要素が含まれている

D. どちらも都心部に店舗を構え，高級なイメージを顧客に提供している
E. 国潮製品は中国の伝統文化を取り入れているが，ラグジュアリーブランドとは大きく異なる
F. どちらもブランドの構築とブランドイメージの維持に重点を置いている
G. どちらの製品もある種のハイエンドなライフスタイルを象徴している
H. どちらも革新的なデザインと素材を取り入れて常に進化している
I. どちらの製品も価格が比較的高い
J. どちらも積極的に海外市場に進出している

14. あなたが購入した国潮ブランドの種類を教えてください（複数選択可）。
A. 衣類
B. 家具
C. アクセサリー製品
D. 事務用品
E. 文化的・創造的な製品
F. 日常生活雑貨

15. あなたが受け入れられても良いと思われる国潮ブランドの価格を教えてください。
A. 好きなら，価格に気にしない
B. 1,000－2,000元
C. 2,000元—5,000元
D. 10,000元以上
E. 国潮製品は買わない

16. あなたが国潮ブランドに感じた魅力を教えてください（複数選択可）。
A. 品質
B. 文化
C. デザイン
D. 価格
E. その他

第3部分　あなたのラグジュアリーブランドの印象と購買行動
17. あなたはラグジュアリーブランドを買ったことがある。
A. 時々買う　B. 偶に買う　C. めったに買わない　D. 買ったことはない

18. あなたのラグジュアリーブランドの購入頻度を教えてください。
A. 3カ月に一回
B. 半年に一回
C. 年に一回

D. 1年以上
E. 気に入った製品があればすぐ買う

19. あなたのラグジュアリーブランドに関する情報の入手ルートを教えてください（複数選択可）。
A. 広告
B. 有名人の推薦
C. 友人
D. 実店舗
E. SNS などのニューメディア
F. その他

20. あなたのラグジュアリーブランドの購入方法を教えてください（複数選択可）。
A. 実店舗
B. EC プラットフォーム
C. 海外代購
D. 中古プラットフォーム
E. その他

以下の質問に1～5に○をつけてください。	とてもそう思わない	そう思わない	不明	そう思う	とてもそう思う
ラグジュアリーブランドの購入指向					
21 私はたくさんの資金を使ってラグジュアリーブランドを買う	1	2	3	4	5
22 私は自分自身へのご褒美としてラグジュアリーブランドを買う	1	2	3	4	5
23 私は収入が増えるにしたがって，ラグジュアリーブランドの購入に多くの資金を使う	1	2	3	4	5
ラグジュアリーブランドのライフクオリティ					
24 ラグジュアリーブランドを持つことは私の社会的地位の向上に役立つ	1	2	3	4	5
25 ラグジュアリーブランドの購入は私の生活の質の向上に役立つ	1	2	3	4	5
ラグジュアリーブランドの体験					
26 私は好きなラグジュアリーブランドの利用に満足を感じている	1	2	3	4	5
27 私は好きなラグジュアリーブランドのアフターサービスに満足を感じている	1	2	3	4	5
ラグジュアリーブランドの技術革新					
28 ラグジュアリーブランドの技術革新は競争力を作り出す最も重要な要因だと思う	1	2	3	4	5

29	ラグジュアリーブランドの技術革新は製品を購入する際の重要な判断材料になる	1	2	3	4	5
30	デザインも機能も革新的なラグジュアリーブランドを試してみたい	1	2	3	4	5
	ラグジュアリーブランドへの探索					
31	私はラグジュアリーブランドの市場動向にとても詳しい	1	2	3	4	5
32	私は様々なチャンネルを通じて好きなラグジュアリーブランドの最新動向を把握する	1	2	3	4	5
	ラグジュアリーブランドへの展望					
33	ラグジュアリーブランド市場は今後も成長し，より革新的な製品が提供される	1	2	3	4	5
34	ラグジュアリーブランド市場における消費者の多様化と差別化の傾向がより強くなる	1	2	3	4	5

ご協力ありがとうございました。

欧文索引

A

4C　155
4P　154
AI技術　70
AR　69

B

BMW　34

C

Communication　155
Convenience　155
Customer Cost　155
Customer value　155

D

DIOR　3

G

GUCCI　3

L

Li-Ning　81
LOUIS VUITTON　3

P

Place　154
PRADA　3
Price　154
Product　154
Promotion　154

T

TikTok　97

V

VR　69

W

WeChat　82

事項索引

あ 行

アイディア　2
アイテム　3
アイデンティティ　2
アウトレット　25
アクセス　28
安全欲求　59
アンダーステートメント　34
E コマース　70
一線都市　70
イノベーション　151
イノベーション型　102
インスタント　18
インフルエンサー　69
微博　97
ウェブ　25
エコフレンドリー　44
エコロジー製品　70
エシカル　70
SNS ネイティブ　1
X 世代　73
エメラルド　53
エレガンス　19
オーガニック　60
オフライン　73
オムニチャネル　70
オンライン　72

か 行

快楽主義　18
価格　154
拡張現実　69
カスタマイズ　60
仮想現実　69
価値共創　5

カテゴリ　42
卡婷（CATKIN）　83
カルティエ　58, 86, 91
希少価値　18
貴族文化　31
既存製品市場　7, 89
「国潮」ブーム　3, 62
口コミ　69
グッチ　3, 91
クリスタルシャンデリア　33
グローバルブランド　41
限定品展開　96
権力への肯定　23
購入指向　147
顧客価値　155
顧客コスト　155
顧客体験　28
顧客体験向上　96
顧客とのコミュニケーション　155
顧客利便性　155
個人表現　23
五線都市　70
コラボレーション　62

さ 行

サステナビリティ　70
サファイア　53
三線都市　70
自己実現欲求　59
老舗文化　3
下沈市場　71
社会的影響と地位追求の理論　22
社会的欲求　59
奢侈品　13
シャネル　19, 91
承認欲求　59

事項索引　179

消費者行動理論　16
消費トレンド　48
消費文化　37
新一線都市　70
新規製品市場　7, 89
新富裕層　37
シンボル　20
ステータス　21
ステータスシンボル　38, 69
ステラ・マッカートニー　85
ストーリーテリング　2
製品　154
生理的欲求　59
Z世代　1, 73
セレブリティ文化　39
相乗効果　84
装飾品　48
ソーシャルメディアオピニオンリーダー
　98

た　行

ダイヤモンド　55
対話　28
ターゲット別マーケティング　96
地域別マーケティング　96
中国要素ラグジュアリー　99
中国李寧　82
中産階級　1
ディオール　3, 91
ティファニー　58
テクスチャー　55
デジタルネイティブ　1
デジタルマーケティング　4
伝統主義型　102
透明性　28
ドリーム　25
トレンド　25

な　行

二線都市　70

は　行

パーソナライズ　70
パッケージ　20
バーバリー　85, 91
パフォーマンス　18
ピエール・カルダン　90
ビジネス文化型　102
必需品　13
ファッション　18
フィードバック　9
フェアトレード製品　70
ブティック　19
プラダ　3
プラチナ　55
ブランドイメージ　19, 81
ブランドイメージ強化　96
ブランドイメージとステータス消費理論
　22
ブランドエクイティ理論　16
ブランド信頼理論　21
ブランド戦略理論　16
ブランド体験　142
ブランド態度　142
ブランド探索　147
ブランド展望　147
ブランド認知　19
ブランド・ポジショニング・トライアン
　グル理論　16
ブランドマネジメント　19
ブランドロイヤルティ　97
ブルガリ　58
ブレスレット　56
プレミアム　18
プロモーション　154

花西子（Florasis）　83
文化的差異　24
ベイン・アンド・カンパニー　93
ペンダント　56
ベントレー　34
宝飾品　2
宝飾文化　2
ポジショニング　19

ま　行

マスプレステージ　25
マズローの欲求5段階説　59
ミケランジェロ　32
ミレニアル世代　1, 73
千禧一代　1
密扇（MUKZIN）　82
無形文化遺産　79
名品消費　64
メルセデス・ベンツ　34
メンバーシップ　23
模倣　18

や　行

ユーザーイメージ　20

四線都市　70

ら　行

ライセンス　25
ライフクオリティ　147
ライフスタイル　25, 69
ラグジュアリー　2
ラグジュアリー・セグメンテーション理
　論　23
ラグジュアリーブランド　2
ラグジュアリーブランドマネジメント理
　論　16
リスク評価　28
リピート購入　97
リベンジ消費　91
流通　154
ルイ・ヴィトン　3
ルネサンス　32
ルビー　53
レオナルド・ダ・ヴィンチ　32
レビュー　69
ローラー　57
ロールス・ロイス　34
ロレックス　24

〈著者プロフィール〉

戴　棟鈺（DAI DONGYU）

中国南通市生まれ。南京師範大学卒業
2024年城西国際大学大学院経営情報学研究科修了（経営学博士）
現在，南通大学商学院（管理学院）讲师，江苏省决策咨询基地长三角现代化研究特
聘研究员
専攻：経営学，経済学，歴史学，人口学

孫根　志華（SONE SHIKA）

中国上海市生まれ。復旦大学卒業
旅行社を経て，1996年明治大学大学院政治経済学研究科修了（経済学博士）
現在，城西国際大学大学院教授
専攻：中国マクロ経済政策，アジア経済，デジタルエコノミー

中国における中産階級のラグジュアリーの消費拡大と新たな高級品市場の創出
　　　　―消費者とラグジュアリーブランド企業との価値共創の視点から―

2024年9月10日　第1版第1刷発行

　　　　　　　　　　　　　　　　　　　　著　者　戴　　棟鈺，
　　　　　　　　　　　　　　　　　　　　　　　　孫根　志華

　発行者　田中　千津子　　〒153-0064　東京都目黒区下目黒3-6-1
　　　　　　　　　　　　　　　電話　03（3715）1501 ㈹
　発行所　株式会社 学 文 社　FAX　03（3715）2012
　　　　　　　　　　　　　　　https://gakubunsha.com

©2024 DAI Dongyu & SONE Shika　　　　　　　Printed in Japan
乱丁・落丁の場合は本社でお取替えします。　　印刷　新灯印刷
定価はカバーに表示。

ISBN 978-4-7620-3380-3